時空を超えて

Revisiting Taiso Denshujo Gymnasium through Time and Space

甦る、幻の体操伝習所体操場

大櫃敬史

Takashi Obitsu

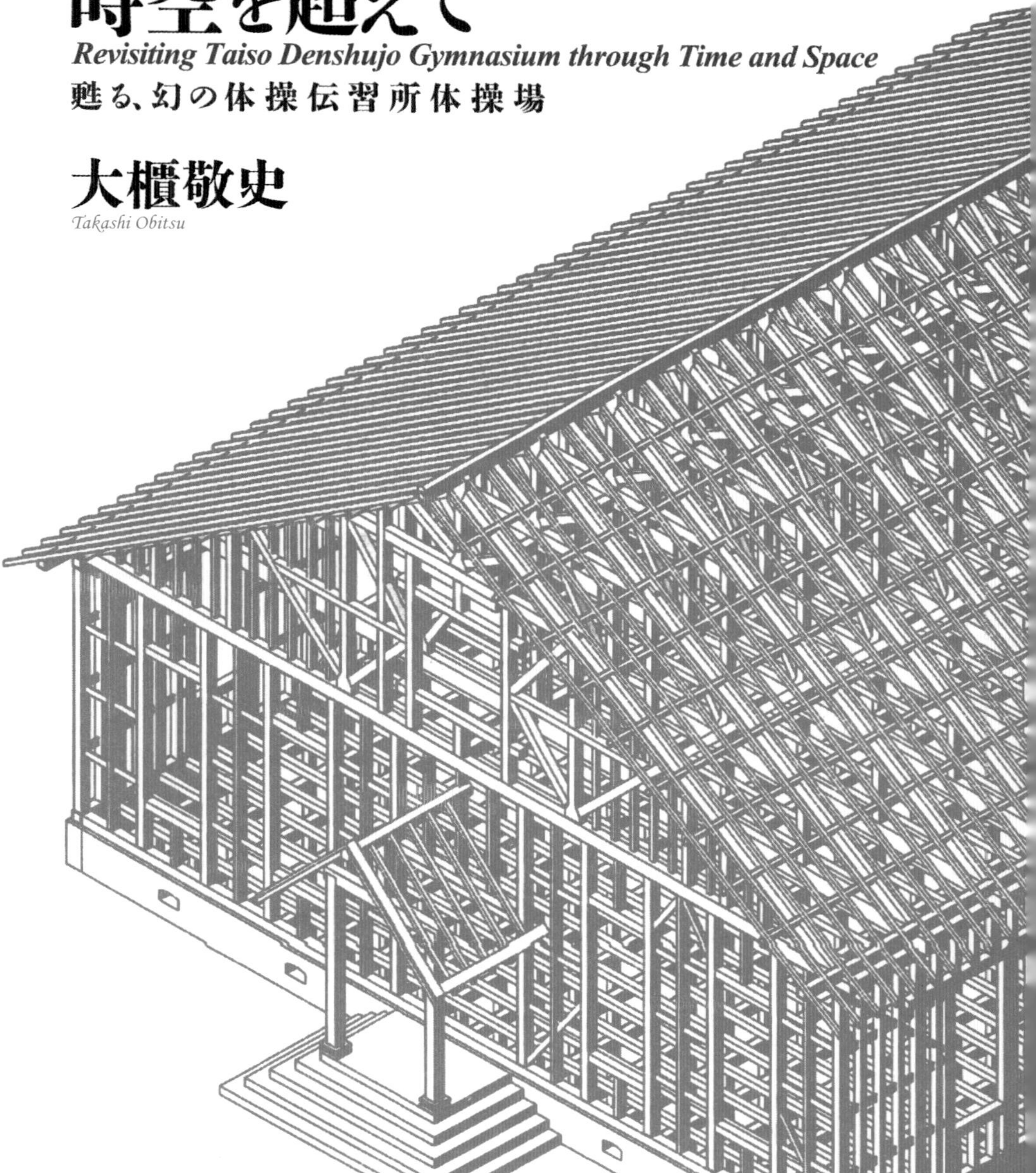

亜璃西社

「体操伝習所体操場」復元模型、外観（縮尺1/50、2011）

「体操伝習所体操場」復元模型、後方から見た内部

「体操伝習所体操場」復元模型の内部と再現された体操器具

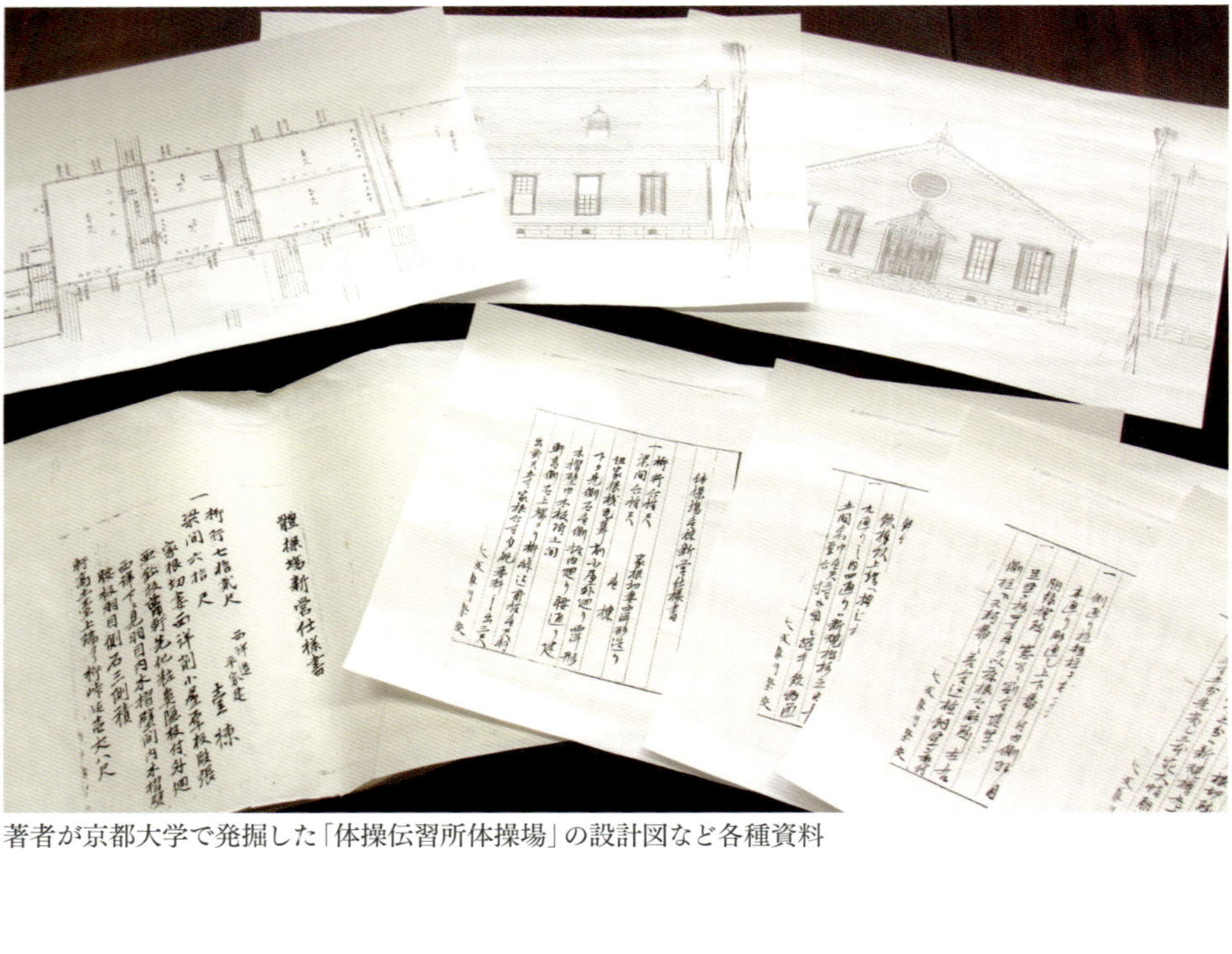

著者が京都大学で発掘した「体操伝習所体操場」の設計図など各種資料

Historical model of Taiso Denshujo Taisojo

Amherst College Digital Collections > Archives & Special Collections

Creator Ōbitsu, Takashi, 1949-

Title Historical model of Taiso Denshujo Taisojo

Dates 2011-2012

Abstract A framed color photograph of a 1/50 reproduction of the first western style gymnasium built in Japan. The original gymnasium was built in Hitotsubashi, Kanda district, Tokyo by the Meiji government to train physical education instructors. The building was later moved to Otsuka, and eventually dismantled during World War II. The model was created in April 2011 by Takashi Ōbitsu in collaboration with the School of Engineering at Hokkaido University. It was constructed with Hinoki wood (Japanese cypress) and measures 25 cm. high by 36 cm. wide by 43 cm. long. Until the recreation was done, there had been only fragments of photographs to show what the building looked like.

Physical Description 1 photograph ; 30 x 38 cm.

Place of Creation Kyoto (Japan)

Genre Photographs

Genre Historical models

Subject Taisō Denshūjo. Taisōjo -- Photographs

Subject Architectural models -- Photographs

Subject College buildings -- Japan -- Kyoto -- Models

Part of Doshisha University Collection

Finding Aid View the finding aid for this item's collection

Repository Amherst College Archives & Special Collections

Shelf Location Box OS1

Access and Use Public Domain: This material has been identified as being free of known restrictions under copyright law, including all related and neighboring rights. While Amherst College Archives & Special Collections claims no rights or authority over this material, we do ask that any publication or use of this material cite the Archives & Special Collections at Amherst College as the source of the images and the repository where the original documents can be found.

アマースト大学特別資料室に所蔵された「体操伝習所体操場」復元模型の写真を紹介する、アマースト大学デジタル・コレクションズのウェブサイト（2011年寄贈）

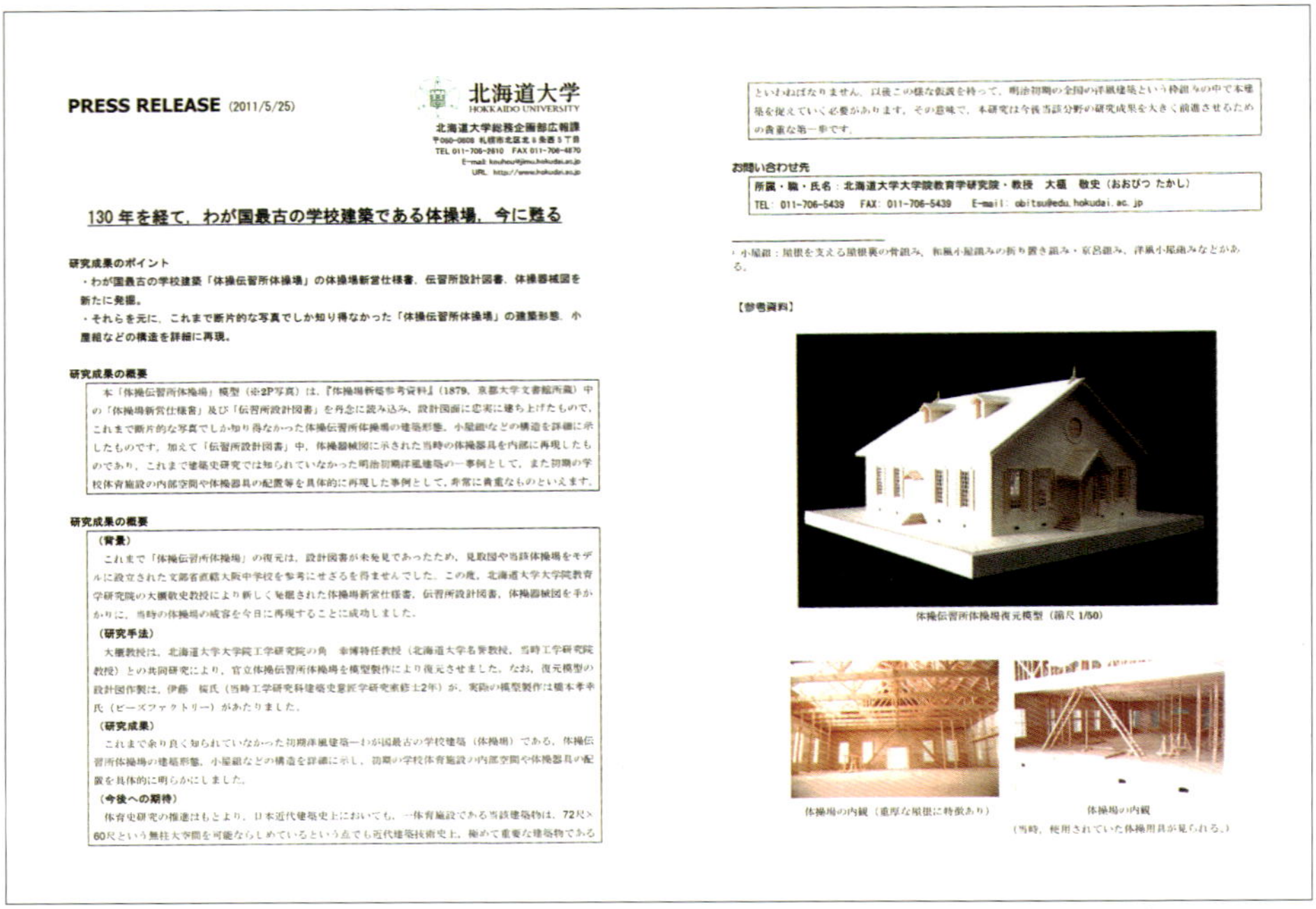

PRESS RELEASE (2011/5/25)

北海道大学
HOKKAIDO UNIVERSITY
北海道大学総務企画部広報課
〒060-0808 札幌市北区北8条西5丁目
TEL 011-706-2610　FAX 011-706-4870
E-mail kouhou@jimu.hokudai.ac.jp
URL http://www.hokudai.ac.jp

130年を経て，わが国最古の学校建築である体操場，今に甦る

研究成果のポイント
・わが国最古の学校建築「体操伝習所体操場」の体操場新営仕様書，伝習所設計図書，体操器械図を新たに発掘。
・それらを元に，これまで断片的な写真でしか知り得なかった「体操伝習所体操場」の建築形態，小屋組などの構造を詳細に再現。

研究成果の概要
本「体操伝習所体操場」模型（※2P写真）は，『体操場新築参考資料』（1879，京都大学文書館所蔵）中の「体操場新営仕様書」及び「伝習所設計図書」を丹念に読み込み，設計図面に忠実に建ち上げたもので，これまで断片的な写真でしか知り得なかった体操伝習所体操場の建築形態，小屋組などの構造を詳細に示したものです。加えて「伝習所設計図書」中，体操器械図に示された当時の体操器具を内部に再現したものであり，これまで建築史研究では知られていなかった明治初期洋風建築の一事例として，また初期の学校体育施設の内部空間や体操器具の配置等を具体的に再現した事例として，非常に貴重なものといえます。

研究成果の概要
（背景）

これまで「体操伝習所体操場」の復元は，設計図書が未発見であったため，見取図や当該体操場をモデルに設立された文部省直轄大阪中学校を参考にせざるを得ませんでした。この度，北海道大学大学院教育学研究院の大櫃敬史教授により新しく発掘された体操場新営仕様書，伝習所設計図書，体操器械図を手がかりに，当時の体操場の威容を今日に再現することに成功しました。

（研究手法）

大櫃教授は，北海道大学大学院工学研究院の角　幸博特任教授（北海道大学名誉教授，当時工学研究院教授）との共同研究により，官立体操伝習所体操場を模型製作により復元させました。なお，復元模型の設計図作製は，伊藤　榛氏（当時工学研究科建築史意匠学研究室修士2年）が，実際の模型製作は橋本孝幸氏（ビーズファクトリー）があたりました。

（研究成果）

これまで余り良く知られていなかった初期洋風建築―わが国最古の学校建築（体操場）である，体操伝習所体操場の建築形態，小屋組などの構造を詳細に示し，初期の学校体育施設の内部空間や体操器具の配置を具体的に明らかにしました。

（今後への期待）

体育史研究の推進はもとより，日本近代建築史上においても，一体育施設である当該建築物は，72尺×60尺という無柱大空間を可能ならしめているという点でも近代建築技術史上，極めて重要な建築物であるといわねばなりません。以後この様な仮説を持って，明治初期の全国の洋風建築という枠組みの中で本建築を捉えていく必要があります。その意味で，本研究は今後当該分野の研究成果を大きく前進させるための貴重な第一歩です。

お問い合わせ先
所属・職・氏名：北海道大学大学院教育学研究院・教授　大櫃　敬史（おおびつ たかし）
TEL：011-706-5439　FAX：011-706-5439　E-mail：obitsu@edu.hokudai.ac.jp

小屋組：屋根を支える屋根裏の骨組み。和風小屋組みの折り置き組み・京呂組み，洋風小屋組みなどがある。

【参考資料】

体操伝習所体操場復元模型（縮尺1/50）

体操場の内観（重厚な屋根に特徴あり）

体操場の内観
（当時，使用されていた体操用具が見られる。）

「体操伝習所体操場」復元模型について北海道大学が発表したプレスリリース（2011年5月25日）

photo by Tokyo Watcher

「体操伝習所体操場」復元模型が保存展示される東京大学総合研究博物館小石川分館（左）と展示の様子（下）

時空を超えて

——甦る、幻の体操伝習所体操場

序

この度、大櫃敬史先生より著書の序文を書くように依頼された。大櫃先生の著書の内容は、Ⅰ～Ⅶの章と年譜に分かれ、全体の概要は以下の通りである。

（1）資料との出会い
（2）札幌農学校にはじまる近代体育・スポーツ
（3）アマースト・グループと体育先進モデル校

（1）については、わが国初の体操教育専門施設「体操伝習所」成立・発展の経過であり、また「体操伝習所体操場」の資料に基づく体操場の復元模型の作製である。

数年間、心に温めていた仮説を実行した結果、京都大学で資料を発見し、また多くの方々の協力により、わが国のスポーツ発展の基礎となる体操場の復元模型の作成に成功した。これは大櫃先生の、原点を見きわめたいという情熱が実ったものであり、その熱意に敬意を表するものである。

（２）については、日本における近代体育・スポーツ史を、北海道を中心とした視点から展開している。

北の大地が発祥となった種目は幾つもあり、主なものに兵式体操、遊戯会、野球、スキー、スケート等があげられる。その指導を担ったのは「お雇い外国人」であった。明治11年、札幌で我が国スポーツ史上、画期的な催しが開催された。札幌農学校で開かれた遊戯会である。この遊戯会は今日の運動会の嚆矢となった。

また、野球の始まりは明治６年であった。スケートは１８７７年、スキーは１９０８年に札幌農学校に伝えられた。我が国のスポーツを最初に展開した札幌農学校のスポーツについて、詳細かつ理路整然と展開したことに対しても前項同様に敬意を表したい。

（３）については、明治11年に我が国における本格的な体操法の研究と体操教員養成を目指して開設されたのが体操伝習所である。田中不二麿がアマースト大学を訪問し、優れた体育制度が確立していたことから、アマーストに範を採った。

大櫃先生は文部科学省の研究費を得て、我が国の体育・スポーツにおける発展の原点を求めて何度も渡米しており、その実直な姿勢が今回の新たな発見を見出している。

北海道大学名誉教授・仙台大学名誉教授
前北海道体育学会会長・日本体育学会名誉会員
中川　功哉

研究者としての執念の成果

建築史研究には、建築図書（建築図面や建築仕様書などの総称）の存在が大きな助けとなるが、そうした宝物に出会えることは多くない。ということは、建築図書そのものが、貴重な歴史の証人とも言うことができる。

２００７年４月のある日、教育学部の大櫃先生が〈体操伝習所体操場〉の設計図書のコピーを携えて、私の研究室を訪問された。教育学部の知人の先生からの紹介であったが、その図面を一目拝見して、久々に心躍った。

＊

その立面図は、明治初期洋風建築の特徴である外壁の下見板張りやバージボード（飾り破風板）、両開き鎧戸付きの上げ下げ窓などを備えた実に興味深い外観をしており、しかも新営仕様書まで一式揃っている。まさに一級の建築史史料である。さらに驚くことに、当時の体操器械の絵図が十枚にも及び附属している。これらを体系的に読み込んでいけば、外観復原のみならず、構造や仕上げなどについても復原考察でき、ひいては体操場の空間の使い方まで推定できる。直感的にすごい論文になるという予感があった。

とはいえ、このテーマとじっくりと向き合う時間的余裕は私にはなかった。幸い、修士論文のテーマを決めかねている女子学生（中山〈旧姓伊藤〉桜さん）に、このテーマに取り組んでみないか勧めてみた。彼女は、その後すぐに大櫃先生と面談し、粘り強く研究に取り組んでくれることになった。その成果は、『日本における学校体育施設の成立と起源――体操伝習所体操場の系譜』としてまとめあげられ、さらには２０１０年５月、日本建築学会優秀修士論文賞まで受賞するといううれしいおまけまであった。

＊

模型も、当初は研究室で対応することを検討したが、中山さんが就職したこともあり、ＯＢから紹介を受けたビーズファクトリーの橋本孝幸氏に依頼することにした。やはりプロの模型作製のスキルは高い。大櫃先生が期待していた以上の仕上がりになったのではなかろうか。内部空間には、あの体操器械もしっかりと復原されていた。

おそらく、明治初期体操場の、しかも体操器械まで再現された模型は、日本初ともいえるものであった。

大櫃先生の資料発見から、研究領域を越えての建築プロセスの解明、そして模型による復原までの一連の研究過程は、てがけようと思ってもなかなか叶うものではない。そこには、大櫃先生の熱心な文献研究から発展し、さらには模型にまで立体化していきたいという研究者としての執念の結果だと思っている。

本書からは、先生のその熱い想いが伝わってくる。先生の長年の研究に、少しでもお役に立てたことは同じ研究者としてうれしい限りである。

北海道大学名誉教授
ＮＰＯ法人歴史的地域資産研究機構（れきけん）代表理事
角　幸博

時空を超えて
——甦る、幻の体操伝習所体操場＊目　次

プロローグ I

新資料『體操場新営参考書類』の発掘

本書は、著者が長年研究を続けて来た、その成果の一端を記したものである。歴史研究に携わる者にとって、新資料の発掘は研究の主要な部分を占める言わば生命線の様なものである。いくら高尚なテーマを立ててみたところで、それを立証する物証に恵まれなければ、途中でその計画を断念すること等、枚挙に暇がない。その意味では、本書は「テーマ」「物証」「成果」が見事に一致した極稀な一例といえよう。

２０００年6月、京都大学総合人間学部図書館で体操伝習所体操場（後述）新営に関わる仕様書、設計図、使用用具及び全体平面図・見取図を含む大量の纏まった資料群が発見された。

これまでに体操伝習所体操場に関する研究は、すでに能勢修一、木下秀明（日本近代体育史）らの先行研究において見られるものの、設計図書が不在であったため平面規模の概要や伝習所を模倣した**大阪中学校**体操場からの推測といった方法によってのみ捉えられて来た。その結果として体操伝習所体操場の一部を大阪中学校体操場と混同するという事態が生じたものと見做される。

今回分析に用いる資料『體操場新営参考書類』は、大阪中学校体操場建設の際、伝習所から入手した設計図書と考えられる（仕様書の末尾に、「第四大区二小区一橋通町二番地内江新営之事」との記述が見られ、「明治十一年十一月」の日付から、また仕様書を記述した罫紙自体に体操伝習所の銘が入っていることから体操伝習所体操場の仕様書そのものである事が判明した）。

本書では新しく発掘された資料を手がかりに、新たに建築史分野（北海道大学工学研究科建築史意匠学角研究室〔当時〕）の知見を加えて、体育史及び建築史の共同研究として諸課題に取組んで来た結果である。

大阪中学校　1880年、大阪専門学校のスタッフをそのまま引き継いで開校。初代の学校長は折田彦市。英語教育を特に重視し、地方中学校のモデル校に位置づけられての発足であった。

本書の構成は、およそ以下の通りである。

資料との出会い

発掘するのに手こずった資料に出会った喜びは、経験を経た者にしか判らない。その時の感動は何回味わっても心地良いものである。発見の感動を交えて読者にも伝えておきたい。しかし間もなく著者を襲う長い懊悩する日々……。やがて資料の活用法を巡り、共同研究者も見つかり二つの異なる立場で、各々の研究が動きはじめた。ここでは、その間に得られた感動と資料活用までの経緯を取り上げた。

札幌農学校にはじまる近代体育・スポーツ

ここではわが国の近代体育及びスポーツが始まった頃の歴史を、北海道を中心とした視点で振り返って見た。数少ない例であるが、この時期の日本の体育・スポーツ導入史において、北海道（＝**札幌農学校**）は極めて重要な位置を占めていたことが判る。

その理由として考えられることは、わが国の近代化を推し進めて行く強い意欲に満ち溢れていたこと、加えてお雇い外国人教師が多く任用される環境下にありいつでも彼らの忠告・助言を受けることが可能であった等が考えられる。

こうして北の大地では、早くから外来スポーツを享受する条件が整っていたことが指摘できよう。主なものに、兵式体操、遊戯会、野球、スキー、スケート等を取り上げることができる。

アマースト・グループと体育先進モデル校

前段では、北海道を中心とした明治期の体育・スポーツの発展を紹介した。

こうした背景には、当時わが国の近代体育をリードした先進モデル校――**同**

札幌農学校　北海道大学の前身。１８７２年創設の開拓使仮学校を札幌に移し、１８７６年、札幌農学校に改称した。

同志社　１８７５年、教育家の新島襄により設立された、同志社英学校を前身とするキリスト教プロテスタント系の学校法人。同志社大学・同志社女子大学などの学園を運営する。

志社・体操伝習所・札幌農学校――３校の存在が大きかった。

この章では、それぞれのモデル校における体育の特徴を見ていく。後半では更にわが国の近代体育をリードした先進モデル校の創出に大きな影響をもたらしたアメリカのアマースト・グループ（52ページ参照）について取り上げていく。

結果として、わが国に近代体育を導入するにあたって力を尽くしたアメリカ人は、**アマースト大学学長J・H・シーリー**をはじめ、そのほとんどがアマースト・グループ関係者で占められていた。しかも、彼らのいずれもがアメリカン・ボード（後述）の関係者であったことが判明した。

復元模型の作製とその後

体操伝習所体操場は、本資料の発見を機会にいよいよ立体的構造物として捉えることが可能となり、模型の作製が実現することになった。角幸博教授（当時）から推薦をいただいた、ビーズファクトリーの橋本孝幸氏に製作を依頼できたからである。

２０１１年4月12日、完成予定日よりやや遅れて、待望のこの歴史的建造物が無事完成をした。想像を遥かに超える素晴らしい出来映えで、細部にわたり往時を忠実に再現したものであった。

完成した復元模型は、種々検討をした結果、①近代学校建築に特化した展示

アマースト大学　１８２１年（文政４）創設のリベラル・アーツ・カレッジ。ハーバード大学がユニテリアン（イエスの神性を否定する教派）化したことから、ピューリタン信仰を堅持し、「敬虔の念と才能を持つ貧しい青年を牧師にする」ことを目的に建学。新島襄の入学時まで、学長はすべて牧師経験者が務め、当時在籍した学生は約２５０名、教授陣19名。すべて男性でいずれも学内に居住した。現在も少人数教育を特徴とする。

J・H・シーリー　１８２４～１８９５年。アマースト大学、オーバン神学校卒業。アマースト大学道徳哲学教授となり、のちにアマースト大学長に就任。新島襄の恩師であり、留学時代は一貫して彼のホスト・ファミリーであった。シーリーが学長の折り、新島はアマースト大学から名誉学位を贈られている。（肖像は次ページ。写真：アマースト大学蔵）

品を中心に収納・陳列されている展示館であること、②供覧者にとって利便性の高い施設であること等を最優先に考えた結果、東京大学総合研究博物館小石川分館（66ページ参照）に寄贈することに決めた。

今回、復元模型を作製することによって、これまで僅かな写真や絵でしか知ることの出来なかった体操伝習所の威容を、当時の教員や伝習員と共に今日において実感することが改めて可能となったことは、著者にとって至上の喜びとなった。

研究の一つの区切りと見做して、ここにその成果の一端を示したが、更に解決しなければならない課題も見つかっている。今後、思い通りに使える〝プライベート・タイム〟を充てて問題解決に迫っていく所存である。

II 資料との出会い

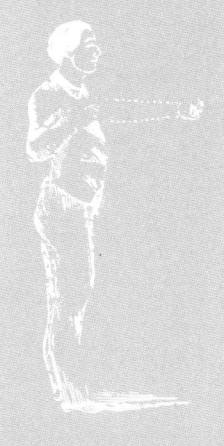

わが国初の体操教育専門施設「体操伝習所」

２０００年6月5日、私の専門領域であるわが国の近代体育に関わる資料の調査・収集の目的で、初めて「京都大学総合人間学部図書館」および「同志社大学同志社社史資料センター」を訪問することになった。

現地には３日間滞在する予定で札幌を出発、初日に同志社を訪れ、過去に来日した宣教師関係の書簡を調査、**新島襄**の米国滞在中の資料を探すことに専念した。翌日からは、資料調査の場を京都大学総合人間学部図書館に移し、「体操伝習所」第二代主幹であった折田彦市関係資料の発掘を中心に、幻とされる「体操伝習所体操場」資料の調査活動を開始した。

この「体操伝習所」とは１８７８年（明治11）10月、明治政府の方針に基づき、わが国の国情に即応した本格的な体操法の研究と体操教員養成を目指して開設された、初の専門的施設である。それまでは、札幌農学校や同志社英学校などごく一部の官私立学校でのみ、自発的な体育教育が行われる程度だった。

新島襄　１８４３〜１８９０年。宗教家、教育者。１８６４年、箱館からアメリカに密航。アマースト大学を卒業し、日本人初の学士号を取得。卒業後、日本ミッション宣教師補として帰国。１８７５年、同志社英学校を創設するなど伝道を進めた。

その2年前の１８７６年、**文部大輔**の田中不二麿（後述）がフィラデルフィア万国博覧会に出席。その帰国の途上、米国の教育制度を調査する目的でニューイングランド及び南方諸州を視察した。その折り、**アマースト**を訪問した田中は、初めてアマースト大学の体育に触れ、その優れた体育制度に感銘を受ける。そこでアマーストに範を採り、未整備の状況にあったわが国の体育の振興することを決意したといわれている。

アマースト大学体育学科の二代目教授として就任した、**E・ヒッチコック**を中心に体系化されたアマースト方式は、疾病調査と活力検査を導入し、科学的根拠に基づいて運動効果を証明するものだった。こうしたアマースト大学の画期的な体育制度は当時、全米の注目を集めていたのである。

そこで日本における体育制度の整備を目的に、アマースト大学の１８７４年卒業生であり、ヒッチコック教授の優れた後継者でもある**G・A・リーランド**がわが国に招聘された。在任中、彼は生徒の身体発育の測定について優れた統計資料を残したほか、体操の指導書を作成するなど、その後のわが国の体育指導に多大な影響を与えることになる。

「体操場」とは、屋内運動場、室内体育場、雨天体操場などのことを意味する旧名称である。その源は古代ギリシアのギムナジオン（競技選手の訓練施設）に発するが、われわれにとって馴染のある近代的体育館は、体育が盛んで気候条件に

文部大輔　内閣制度発足以前は、太政官制度だったことから、現在の文部大臣にあたる長官を「文部卿」と呼び、文部卿次官に当たる役職を文部大輔と呼んだ。

アマースト　アメリカ・マサチューセッツ州西部、ハンプシャー郡に位置する町。５つの大学を擁するため、革新的かつリベラル（自由主義的）な地域とされる。

E・ヒッチコック　１８２８〜１９１１年。アメリカの医師。アマースト大学、ハーバード大学を卒業後、医師となる。のちに母校で生理学、衛生学、体育学を教え、新島も彼の授業を受けた。

G・A・リーランド　１８５０〜１９２４年。アメリカの医師。アマースト大学でヒッチコックに学び、ハーバード大学を卒業後、医師となる。日本政府の招きで体操伝習所教授に就任し、「日本学校体育の父」となった。

「体操伝習所体操場」外観写真（アマースト大学蔵）

アマースト大学卒業時の新島襄〔1870年〕
（アマースト大学蔵）

1875年頃のアマースト大学キャンパス（『新島襄——その時代と生涯』〈1993年、同志社〉より）

G・A・リーランド〔1850〜1924〕。1881年2月、東京にて撮影（アマースト大学蔵）

E・ヒッチコック〔1828〜1911〕（アマースト大学蔵）

恵まれない北欧地方（スウェーデン、デンマーク、ドイツなど）に発達した。その後、アメリカや日本など世界各地で利用されるようになっている。

しかし、室内スポーツがまだ発達していなかった今世紀初頭まで、体育館はあくまでも体操のための施設（体操場）であり、広さも12×20mほどと狭く、内部設備も肋木・横木・鉄棒・吊環・吊棒・吊綱・格子梯など、専ら体操を行うために必要なものだけが設けられていた。

京都で発見した貴重な資料

これまで幾多のこの領域を専門とする研究者が、この資料の存在を探し求めて来たことか……。しかし、発見に至ったものは皆無であった。資料発掘の最適地である東京は、度重なる戦災により悉く資料が消失していたことも、この作業を難しいものにしていた。そして東京に次いで、これらの関連資料が発見される可能性の高い場所と考えられていたのが京都である。

初代主幹の**伊沢修二**に次いで、二代目伝習所主幹となったのが**折田彦市**だった。彼は該所を退任した後、大阪中学校（のちの第三高等学校）の校長として迎え入れられた人物である。以上の理由から、京都が体操伝習所関係の資料が発見される可能性の極めて高い場所として、私も以前から注視していたのである。

伊沢修二　1851〜1917年。教育者、教育学者。近代日本の音楽教育の第一人者である。文部省を経て第一番中学幹事、愛知師範学校校長を歴任。アメリカ・ブリッジウォーター師範学校で教育学を学んだ。（写真：東京芸術大学大学史史料室蔵）

結果として、こうした強いこだわりが、今回の発見に繋がる結果となった。

館内の資料を渉猟するなかで私は、体操伝習所体操場新営に関わる仕様書、設計図、使用用具及び全体平面図・見取図を含む大量の資料群を、発見する幸運に恵まれたのである。その際、最も有力な根拠となったのは、発掘された一群の資料を綴った書類が、体操伝習所の名が刻印された罫紙を使用していたこと、資料の最後に記された住所が伝習所のあった場所と同じであったことによる。

新資料発見の興奮覚めやらぬなか、その場は採集可能な資料の複写を大急ぎで済ませ、一旦は今回の資料調査・収集活動に終止符を打った。予想外の収穫に大いに気分を良くした私だったが、その後、京都大学から持ち帰った大量の資料の有効な活用方法を上手く見出せないまま、長い間、この資料を巡って懊悩する日々が続いた。

資料の活用法——復元模型の作製へ

この日本近代体育史にとっても貴重な資料を、大切に温め続けて7年の月日が経った。そんなある日、これまで長く考えあぐねてきたその活用法を、一瞬にして見出してくれる人物と出会うことができたのである。まさに、「待てば海

折田彦市　1849～1920年。教育者。明治初期にニュージャージー（現プリンストン）大学に留学。帰国後、体操伝習所主幹などを務め、文部官僚を経て、第三高等中学校（のちの第三高等学校）校長に復帰した。（写真：プリンストン大学古文書館蔵）

路の日和あり」である。

同じ学部で教育の歴史を研究する同僚教員に、何気なくこの話をしたところ、工学部に建築史を専門とする研究者の存在を紹介され、「直ちに研究室を訪ねて、相談してみたらどうだろうか？」との助言をくれたのだ。この研究者こそ、工学研究科建築史意匠学研究室教授（当時）の**角幸博**《かどゆきひろ》先生であった。

２００７年４月、新学期が始まって間もない頃、角先生の研究室を訪れた私は、初対面の先生にいきなり、設計図の一部を示しながら活用方法についての相談を持ちかけたのである。すると、「これを、今日使用しているサイズに書き直しさえすれば、復元模型は可能です」と、すぐさま答えてくださった。これまで、この資料の活用法を巡って長い間思い悩んだことが、一気に吹き飛んでしまう有難い言葉であった。

と同時に、「今、丁度やりたいテーマが見つからず困っている院生がいるので、話をしてみようと思うのですが、いかがですか」との提案をいただいた。その後、院生を交えて話し合いを行った結果、一方はこの設計図を使って修士論文『日本における学校体育施設の成立と起源——体操伝習所体操場の系譜』に取り組み、他方はここで作成された設計図を手がかりに、体操伝習所体操場復元模型（縮尺１／50）作製に着手することとなり、それぞれの研究が動き出したのである。

建築史分野では仕様書、絵図面により調査を開始。工学研究科建築史意匠学

角幸博　１９４７年生まれ。北海道大学工学部建築工学科卒業。専門分野は建築史意匠学。北海道大学工学研究科建築史意匠学（当時）教授を経て、北海道大学特任教授・名誉教授に就任。２０１２年に退職し、現在はＮＰＯ法人歴史的地域資産研究機構代表理事を務める。

研究室では、院生の伊藤桜氏が本資料の一部を駆使して修士論文のテーマに設定し、当該研究室で開催されるゼミナールにおいて、本テーマに関する報告を縷々行っていた。そこでの成果は、伊藤桜『日本における学校体育施設の成立と起源――体操伝習所体操場の系譜』、修士論文（２０１０年）として纏められることとなった。以下にその論文の概要を付しておく。

〈論文の概要〉

明治期学校体育施設の原型となった体操伝習所体操場、それを模倣して体操場を建設した大阪中学校、その後身でもある第三高等中学校の体操場を取り上げ、それら一連の体操場が、この時期断絶されることなく継承され、のちに「**屋内体操場兼講堂**」という型式へ結びついた過程を、その流れをもとに明らかにした。殊に体操伝習所の内部構造については、詳しく分析することでその特徴を明らかにした。その特徴は、①60尺平方（約３３０平方メートル）の正方形平面と推察されたが、仕様書によると梁間60尺（約18・2メートル）×桁行72尺（約21・8メートル）である。②主に松を用い、床板を張り、下見板張りの外壁から成る。③和・洋2種の小屋組の図面があるが、仕様書より**クイーン・ポスト・トラスの二重梁下**中心部に束を立て、「鉄物」、「方杖」で支える構成と判別できる（以下略）。④妻面には径6尺（約1・8メートル）の「丸空

屋内体操場兼講堂　広いスペースを必要とする体育館と講堂を兼ねて作られた建物。これにより、特に雨天時、また寒冷・積雪地においても、運動を屋内で常時安定して行うことが可能となった。

著者が京都大学で発掘した「体操伝習所体操場」の設計図など

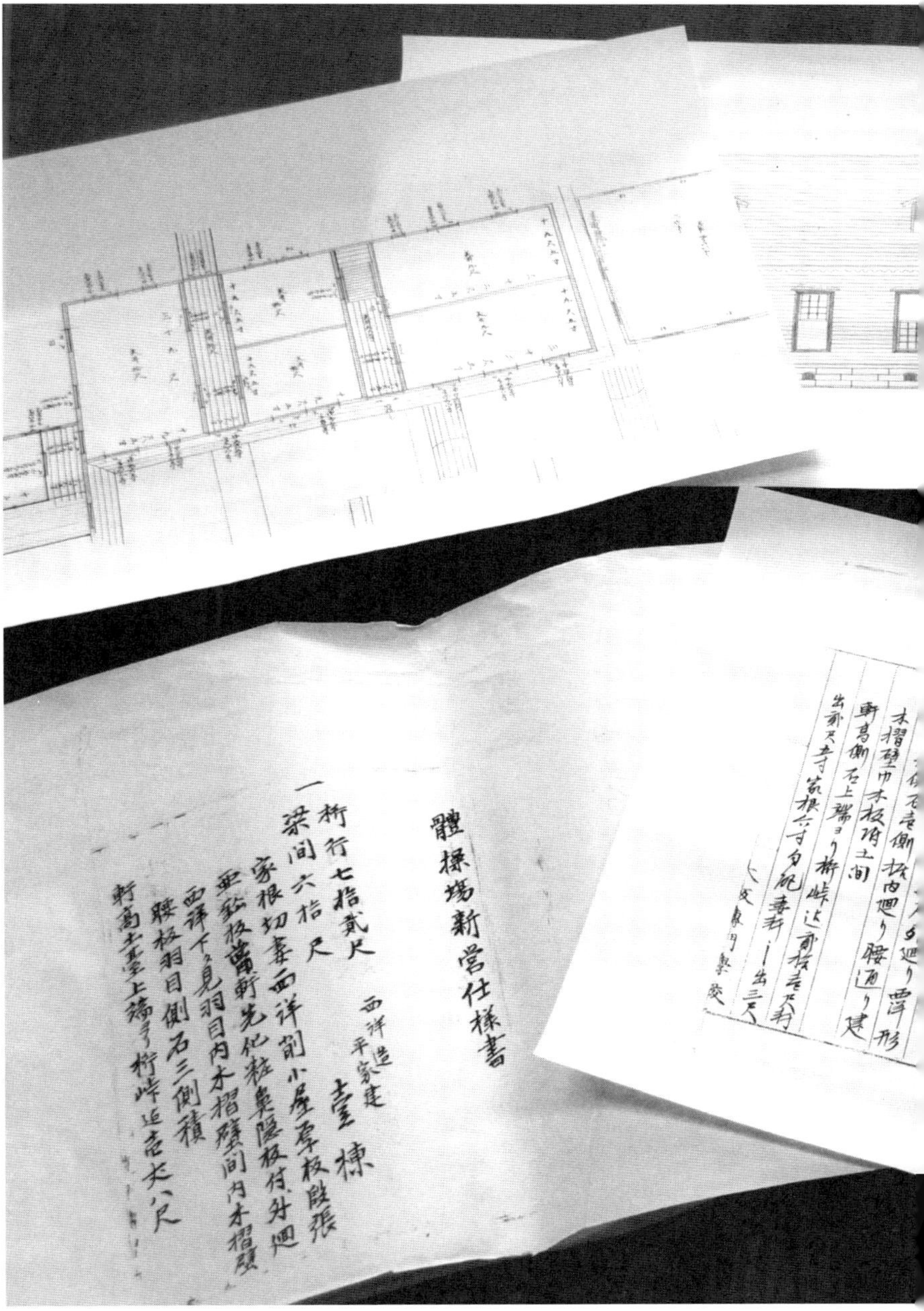
體操場新営仕様書
西洋造
平家建
壹棟
一 桁行七拾貳尺
梁間六拾尺

気抜」を開けた。「質素堅固」を意図した体操場において、外観仕様の指示は細部に及ぶ。⑤資料中、体操器械の絵図10枚が含まれている。⑥物置は体操場から離れて設置され、体操場が必要面積を遥かに上回る規模であったことから、体操器械は体操場に常置設置していたものと推察される。

そして復元模型の作製を目指す私は、２００７年９月、「体操伝習所体操場の復元的考察」を進めるべく、再度、「京都大学大学文書館」（それまで京都大学総合人間学部が保存していた第三高等学校関係資料は、２００４年３月に大学文書館に移管された）を訪問、本格的な資料収集活動に着手したのである。

クイーン・ポスト・トラスの二重梁下　三角形を作って構造を構成するトラスのうち、中央に真束（しんづか）と呼ばれる支柱を立てない形式。真束の代わりに、対束（ついづか）と呼ばれる２本の対になった束を持つ。

III 札幌農学校にはじまる近代体育・スポーツ

明治日本における近代体育・スポーツ史

「体操伝習所体操場」を巡る研究について詳細を述べる前に、体操場が誕生した前後の、明治日本における近代体育・スポーツ史を、北海道を中心とした視点から振り返ってみたい。

実は、わが国の近代体育・スポーツ史上、北の大地が発祥となった種目がいくつもある。主なものとしては、**兵式体操**、遊戯会、野球、スキー、スケートなどが挙げられ、それらの指導を担ったのが「お雇い外国人」だった。

お雇い外国人とは、幕末・明治の日本において、政府・民間を問わず各機関や個人に雇われて来日した西洋人のことである。政治・法律・産業・財政・教育・文化・技術・医学など、日本の近代化を多岐にわたる分野で推し進めるにあたって、お雇い外国人たちは大きな役割を担う存在だった。また、彼らはそれぞれが活動した主たる分野にちなみ、「お雇い顧問」「お雇い教師」「お雇い技師」などとも呼ばれた。

兵式体操　文部大臣森有礼の奨励により、明治中期に学校教育に取り入れられた軍隊式の体操。富国強兵の一環として実施された集団訓練で、これの導入により学校行事としての運動会が普及した。

東大予備門　東京大学は１８７７年の設立当初、専門課程としての各学部と、その学部に進学するための予備門という課程が設置されていた。

この時期、体育・スポーツの分野で代表的なお雇い外国人に、G・A・リーランド（体操伝習所体育学教授）、F・W・ストレンジ（イギリス人英語教師、**東大予備門**、**第一高等中学校**で教鞭をとる。本務の傍ら学生生徒にイギリスのスポーツを紹介）や**W・S・クラーク**（札幌農学校教頭、兵式体操を奨励）等の名が挙げられる。

体操のはじまりは軍隊体操から

１８７１年（明治4）、廃藩置県の実施によって国土守備隊ともいえる**鎮台**が、東京、大阪、鎮西（小倉）、東北（石巻）に置かれた。これをきっかけに、鎮台兵を養成する訓練法の一つとして、銃を持っての動作を練習する執銃訓練が採用される。それと同時に紹介されたのが、徒手体操と柔軟体操であった。おそらく、これをもってわが国の体操のルーツと呼ぶことができるであろう。

北方防備を主たる目的に開拓が進められた北海道だけに、設置された札幌農学校においても軍事訓練が重視された。１８７７年9月、農学校建設に情熱を傾けた初代教頭のW・S・クラークの後を継ぎ教頭代理となった**W・M・ホイーラー**は、調所広丈校長に対して、アメリカ陸軍士官学校を終えた士官を招聘することを要請する。これに対応して**開拓使**は、１８７８年11月に陸軍戸山学校を修了した陸軍少尉加藤重任を選任し、札幌農学校の兵式体操担当を命じ

第一高等中学校　中学校令の公布によって廃止された東大予備門の役割を受け継ぎ設立されたもので東大教養学部の前身となった。

W・S・クラーク　１８２６〜１８８６年。アメリカの農学者、教育家。アマースト大学卒業後、母校教授を経て、マサチューセッツ農科大学学長に就任。札幌農学校設立にあわせ、1年間の契約で来日。独自の教育方針を持って生徒に深い影響を与える。

鎮台　明治期における日本陸軍の編成単位。のち師団に改称。

W・M・ホイーラー　１８５１〜１９３２年。アメリカの土木技師。クラークの後任として札幌農学校教頭となる。開拓使の命で鉄道のルート撰定にも従事。

開拓使　明治2年（１８６９）、北方の開拓経営ならびにロシア南下への防備のためにおかれた官庁。同15年廃止。

明治14年頃撮影の、時計台が据えつけられた札幌農学校演武場（北海道大学大学文書館蔵）

W・S・クラーク〔1826〜1886〕
（北海道大学大学文書館蔵）

た。ここに、兵式体操が初めて学校に位置づけられたことになる。
のちに文部大臣となる**森有礼**が、全国師範学校に兵式体操を正式に導入するより、およそ10年先んじてのことだった。これより先の１８７２年、森がクラークに案内されて**マサチューセッツ農科大学**を視察した際、そこで行われていた軍事訓練（Military Drill）にいたく感動したことが、導入のきっかけになったといわれる。

画期的だった遊戯会の開催

１８７８年（明治11）５月、札幌でわが国スポーツ史上における画期的な催しが開催された。札幌農学校で開かれた遊戯会である。

本校の学生生徒の体格を強壮にし、活発の気風を発達するの目的を以て設立せられし所にて、sportsなる語を遊戯と翻訳して、方今一般の通語たらしめし如きは、以ていささか本会が本邦の運動に貢献する所ありしを誇るに足らん。

（「札幌農学校遊戯会規則」〈明治23年5月16日〉より）

大変な自負で始まったこの遊戯会は、今日で言うところの「運動会」の嚆矢

森有礼　１８４７〜１８８９年。外交官。初代文部大臣として全国の師範学校に兵式体操を導入。教育制度の確立に尽力した。

マサチューセッツ農科大学　マサチューセッツ大学アマースト校の前身。１８６７年、軍事教練を行いながら、農業・機械技術の教育を振興する目的で設立された。

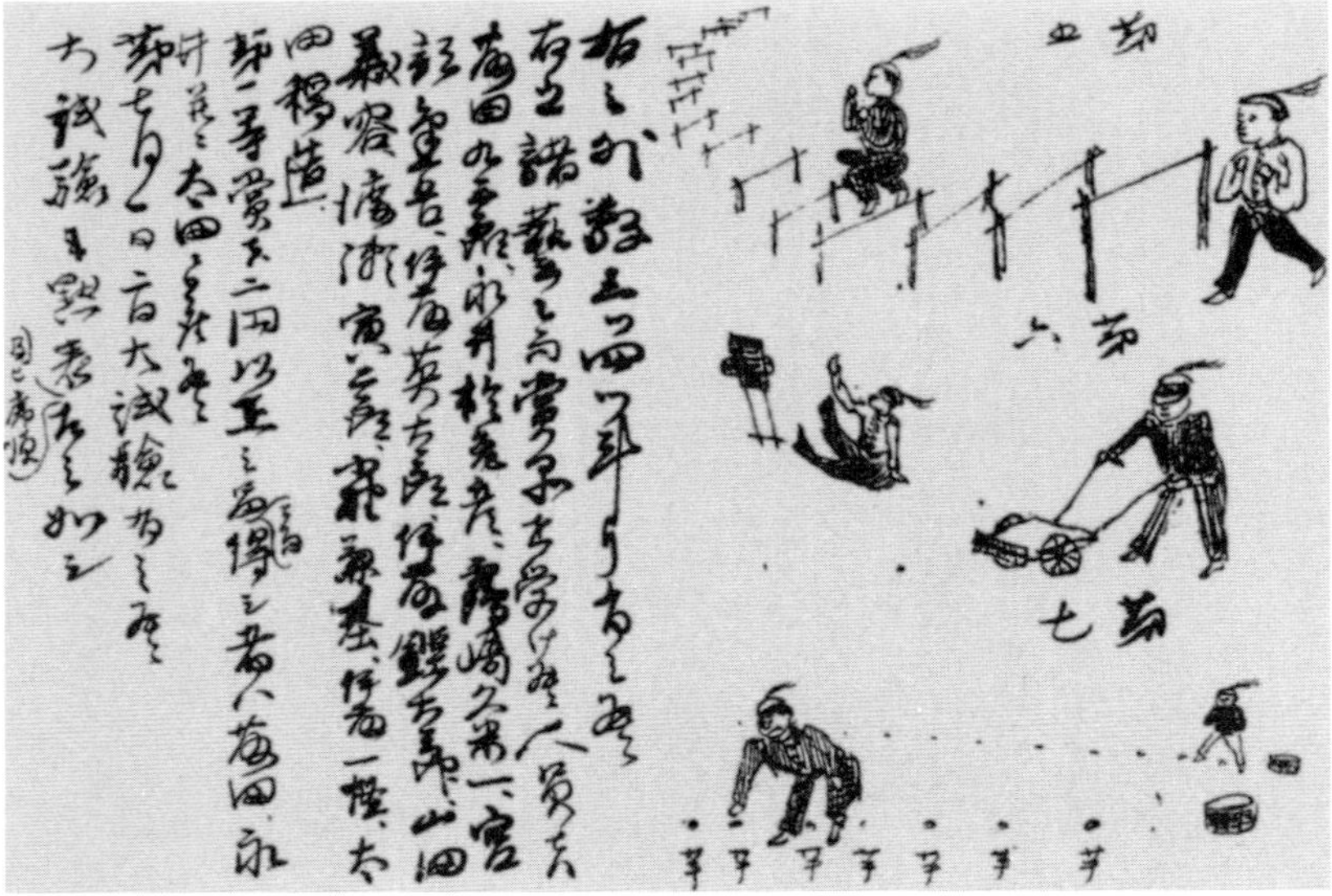

新渡戸稲造が描いた、明治11年開催の第１回遊戯会競技種目図（盛岡市先人記念館蔵）

軍装の札幌農学校学生たち——明治21年、第７期生卒業式（北海道大学附属図書館蔵）

である。一般に学校運動会のルーツは、東京帝国大学と信じられているが、こちらは札幌農学校より5年遅れの１８８３年に始まっている。

以降は毎年6月に、**時計台**の後庭（のちに前庭）で開かれた遊戯会は、アメリカ人教師の発案で生徒たちが始めた運動会である。そこでは１００ヤード電奔・半英里競争・疾走高飛などの競争も行われたが、多くは袋飛び・芋拾い・韓信匍匐（股くぐり）など余興的な遊びであり、農学校ならではの種目も含まれていた。しかし、やがて競技の記録も重視されるようになっていくこととなる。

野球のはじまりは開拓使仮学校

大島正健著『クラーク先生とその弟子』の中に、「野球史の第一頁」という項がある。

米国帰りの**牧野伸顕**伯などが開成学校へ野球を持ち込んだのは明治7年の頃というが、**開拓使仮学校**生徒間に野球が行われたのは開校後間もない明治6年頃とのことであるから、この方が日本野球史の第一頁と申しても良いのではあるまいか。当時何事も器用で敏捷な**伊藤一隆**は同校で組織された野球チームの選手であった。

時計台　１８７８年、札幌農学校の演武場（武芸練習場兼屋内体育館）として建設された。１９０６年に札幌区が買収し、同じ区画内に移設した。

大島正健　１８５９〜１９３８年。宗教家・教育者・言語学者。札幌農学校第1期生。卒業後に開拓使に採用され、札幌農学校の教員となる。離道後は校長として各校で教鞭を取り、のちに東京文理科大学（現筑波大学）講師となる。

牧野伸顕　１８６１〜１９４９年。政治家。大久保利通の二男に生まれ、牧野家の養子となる。11歳の時、岩倉遣欧使節団に加わり渡米。帰国後、東大に入学するが中退して外務省入省。外交官を経て知事や大臣など要職を歴任。貴族院勅選議員となる。吉田茂は女婿。

開拓使仮学校　明治5年、北海道開拓の人材育成を目的に東京に設置。のちの札幌農学校の前身。

この証言を残した大島は、当時まだ英語学校に在籍していた。すぐ隣の開成学校の生徒たちがベースボールに打ち興じるのを見て、さかんに羨ましがった。

投手たちは今日の様に腕を振りかぶって様々な魔球を投げるのではなく、直立して腕を脇につけ玉ころがしの様にボールを投げ出し、打者の望む通りの高さに投げ込んで、上手く打たせるを以て上手としてあった。従って三振で打ち取ることなどは全くなく、すべて塁殺であった。

この様子を見ていた大島らは、たまらず野球を始める。鉛の球に皮を着せたボールをノック、これを素手で受けるため負傷者が続出した。ここに登場する大島、伊藤ともに札幌農学校の一期生であった。1875年（明治8）に札幌へやってきた。大島が、先に開拓使仮学校に入学していた伊藤に野球の話を聞いて書き留めたものが、貴重な証言として残されている。

1．1873年、大蔵省雇米人ウィリアム氏の弟**ベーツ**が、開拓使仮学校にバット1本、ボール3個を持参して野球を教えた。
2．生徒に2つのチームを作らせ、毎日放課後に校庭で対戦した。
3．なかなか通じない言葉に苦労しながら、「盗塁」の方法まで教えた。

伊藤一隆　1859～1929年。官吏。札幌農学校第1期生として卒業、開拓使に採用され、北海道庁発足時に初代水産課課長に任ぜられる。北海道の水産業界の発展に尽力した。

ベーツ　開拓使仮学校に数学・地理教師として勤務。野球愛好家で本国から1本のバット、3個のボールを持参して、ベースボールを伝授した。1878年に病死。

４．開拓使から米国へ留学していた三少年が帰国し、さらに新しい野球術を伝授した。
５．ボールを開拓使御用の靴屋で、バットは亀井町（東京・日本橋区）の棒屋に作らせた。
６．素手で球を取るのが痛いので、剣道の籠手を手にはめたり、黒塗りの御胴を胸当てにしたが、立ち居振舞が不自由でこれではいかんとなった。
７．ベーツ氏が注文した道具が米国から届き、士気大いに奮った。

なお、開拓使仮学校は１８７２年４月15日、東京芝・増上寺境内に開校。１８７３年３月には一旦廃校となるが直ちに復活し、１８７６年７月に札幌農学校となり、翌月札幌へ移転・開校している。

寒冷地スポーツのはじまり——スケート・スキー

スケートは１８７７年（明治10）、お雇い外国人教師**W・P・ブルックス**によって紹介された。当時は、構内の小川にはった氷の上で滑っていたようである。次いで１８９１年、農学校二期生である**新渡戸稲造**が米国留学から帰国する際、スケート靴を持ち帰った。これがきっかけとなり、当時は生徒の間で盛

W・P・ブルックス　１８５１～１９３８年。アメリカの農学者。マサチューセッツ農科大学を卒業。１８７７年、札幌農学校に着任し農学教師として12年間勤める。着任時、持参のスケート靴を履き、農学校近くの凍った小川で滑ったと伝えられる。のちに教頭心得まで務めた。同時に農家への指導にも努め、家畜・作物・農機具を海外より導入し、北海道農法の基礎を築いた。

んに流行した模様だ。１８９４年になると、札幌スケーチングクラブが設立され、農学校、中学校、市民の有志が集い、道庁の池や中島公園の池で滑走を大いに楽しんだことが伝えられている。

一方、スキーは１９０８年、スイス人ドイツ語教師**ハンス・コラー**によって東北帝国大学農科大学（農学校を改称）の学生たちに伝えられたのが、**わが国におけるスキーの発祥**となった。さらに１９１２年2月、オーストリア軍人のレルヒ中佐によって旭川第七師団将校らにスキーが伝達され、同年3月には月寒第二十五連隊の三瓶中尉らによって、札幌郊外の月寒でスキー講習会が開催された。この時、農科大生をはじめ多数が参加している。

以上のことからこの時期の体育・スポーツ史におけるトピックスをまとめると、以下のようになる。

1．札幌農学校を中核とした体育・スポーツの導入が見られた。

2．主な担い手は、お雇い外国人教師、日本人留学生であった。

3．当初は、高等教育機関にスポーツが導入され、漸次中学校、小学校レベルに下ろされて行った。

4．スポーツ受容の主体は、課外スポーツ組織（運動部）を中心として展開し、スポーツが学校体育に制度的定着を見せ始めるのは、１９００年代に入ってか

新渡戸稲造　１８６２～１９３３年。農学者・教育者。札幌農学校第2期生として卒業、北海道庁勤務、アメリカ留学を経て、母校の助教授となる。農学校休職中に英文で執筆した『武士道』が世界的ベストセラーとなったことから、１９２０年の国際連盟設立に際して国際連盟事務次長に選任され、のちに貴族院議員となる。

ハンス・コラー　１８８１～１９２５年。スイスの教育者。札幌農学校へドイツ語教師として赴任し、生徒にスキーを伝えた。（写真：北海道大学大学文書館蔵）

明治８年発行の師範学校編纂「小学読本」巻一の挿絵より。日本で野球らしきスポーツを初めて行ったのは、アメリカ人のホーレス・ウィルソンとされる。彼は明治５年（1872）に第一大学区第一番中学で英語と数学を教える傍ら、生徒に野球を教えた。当初はノックのようなことを行っていたらしい。同校は翌年から開成学校（現在の東京大学）となり、立派な運動場が備わると、攻守に分かれて試合ができるようになった。ほぼ同時期かやや早い段階で、開拓使仮学校教師のベーツが、生徒たちにベースボールを教えていたという説もある。

わが国におけるスキーの発祥

オーストリア＝ハンガリー帝国の軍人であるレルヒ中佐が、１９１１年に新潟県高田（現上越市）で日本軍人に一本杖のスキー術を伝授した。これが長らく、日本におけるスキーの発祥とされてきたが、その後、北大名誉教授の大野精七らの調査により、北大構内が本当の発祥地であることがわかった。レルヒが指導する３年前の１９０８年、北大予科ドイツ語教師でスイス人のハンス・コラーが、故国から持参したアルペン・タイプのスキーを使って、予科生にスキーの手ほどきをしていた。これが日本におけるスキーの発祥となった。

らのことである。

IV

アマースト・グループと体育先進モデル校

同志社――体操の実施、「フットボール」「玉投げ」の紹介、体育館の創設

前章では、北海道を中心とした明治期における体育・スポーツの発展を紹介した。この背景には、当時わが国の近代体育をリードした先進モデル校――同志社・体操伝習所・札幌農学校――の果たした役割が大きかった。そこでこの章では、それぞれのモデル校における体育の特徴について明らかにしていく。

新島襄が１８７５年（明治8）に京都に設立した同志社英学校は、チャペルに先んじて運動場（体育館）を建設するなど、体育教育の面で先進校であった。最初の体操の実施は、学校創立の翌年にあたる１８７６年にまで遡る。実施に際しては当時、同校の外国人教師としてその職にあった宣教師**D・W・ラーネッド**が指導にあたった。

ミッション（外国伝道局）の宣教師として同志社に派遣されたラーネッドが、１８７９年10月16日付で、ボストンに本部のある**アメリカン・ボード**総幹事の

D・W・ラーネッド　１８４８～１９４３年。アメリカン・ボード宣教師。イエール大学大学院卒業後に来日し、新島襄を助けて草創期の同志社を支えた。専門の神学に加え、初期は体操も担当。

アメリカン・ボード　アメリカ最古の海外伝道団体。１８１０年、マサチューセッツの会衆派に属する牧師たちを中心に設立。ボストンに本部を構え、アジア各地に宣教師を派遣した。

ボストンにあるアメリカン・ボード本部（同志社大学 同志社社史資料センター蔵）

N・G・クラーク〔1825-1896〕
（『新島襄――その時代と生涯』〈1993年、同志社〉より）

D・W・ラーネッド〔1848-1943〕
（『新島襄――その時代と生涯』〈1993年、同志社〉より）

N・G・クラークに宛てた書簡には、「校庭で簡単な体操（some simple gymnastic exercise）を始めています」と当時の様子が綴られている。ここからは、その時期に行われていた体操が、亜鈴《あれい》（ダンベル）や棍棒、**球竿**《きゅうかん》などの簡単な器具を使用したいわゆる「軽体操」を指していたことが窺える。

創立当初の同志社で、「体育」は「音楽」と並んで課外の随意科目であり、これらは外国人教師によって担当されていた。ちなみに１８８０年度のカリキュラムによれば、前者はラーネッドが、後者は**M・L・ゴードン**が各々担当していた。こうした動きを全国的視野で捉えれば、１８７６年8月に開校された札幌農学校の体操の開始時期とほぼ同様であり、東京の体操伝習所のそれと比較すると、およそ2年早く開始されたことになる。

当時の様子は、『創設期の同志社』（同志社社史資料室編）からも窺うことができる。１８７６年10月16日付のクラーク宛の書簡に、「同志社の学生たちが余りにも運動をしない様子を見兼ねて、玉投げや石蹴り等校庭でできる簡単なゲームを紹介している」とある。

また、この他にフットボール（サッカー）などのスポーツも、折に触れて取り入れている。これ以外にも、「軽体操は、アメリカではピアノに合わせて実施されたが、同志社ではラーネッドが歌で代用した」との証言も残っている。

同志社で行われた体育のもう一つの特徴は、体育館の創設である。アメリカ

N・G・クラーク　１８２５〜１８９６年。アメリカン・ボードの総幹事。ボードによる日本伝道の契機は、アマースト大学留学中の新島襄が、クラークにその必要性を直訴したことによる。

球竿　体操器械の一種で、木製の長い棒の両端に球をつけたもの。これを使う球竿体操は、姿勢を矯正し胸郭を拡張、両腕相互の運動も行うことができる。

M・L・ゴードン　１８４３〜１９００年。医師、宣教師。アンドーヴァー神学校、ニューヨークの医学校を卒業後、アメリカン・ボードの医療宣教師として日本に派遣される。のちに同志社で神学、音楽を教えた。

東部地方と比較的気候風土の類似した、雨の多い日本においては、天候に左右されることなく常時安定して運動ができる場の確保が必要不可欠な問題であった。１８７９年6月の年次会議において体育館の設置を建議し、同年11月15日付ラーネッドの書簡において「ごく簡単な体育館を建設中」と述べていることから推測すれば、遅くとも年内にはその完成を見たことになる。

日本ミッションは１８８１年5月11日付「81年度学校報告」で、「体育館で定期的に行われる体育の授業が学生の関心を引いていること、それと同時に学生たちの健康保持に大いに役立っているように見受けられる」と報告している。

体操伝習所——アマースト方式の体育の導入

１８７８年(明治11)10月、わが国における本格的な体操法の研究と体操教員養成を目指して開設されたのが体操伝習所である。

フィラデルフィア博覧会に出席した文部大輔の**田中不二麿**が、その帰途、教育制度調査のためにニューイングランド及び南方諸州を視察した際、2度目のアマースト訪問を行っている。この時、初めてアマースト大学の体育に触れ、最も優れた体育制度が確立しているアマーストに範を採り、当時、特に未整備な状況にあった日本の体育の振興が方向づけられた。文部省は田中を窓口に、

日本ミッション　正式名は正統長老教会日本ミッション。宗教改革の伝統を受け継ぐプロテスタント教会。その影響下で設立された、明治学院大学などの教育機関は、ミッションスクールと呼ばれる。

田中不二麿　１８４５〜１９０９年。官僚、政治家。名前は不二麻呂とも書く。文部省出仕と同時に岩倉使節団理事官となり、欧米に渡って教育制度の調査に当たる。帰国後は文部大輔まで昇進し、学制実施と教育令制定を主導。のちに司法卿に転じ、枢密顧問官、司法大臣を歴任した。(写真：同志社大学 同志社社史資料センター蔵)

直接アマースト大学学長シーリーに宛てて体育教師の招聘を依頼したのである。

当時のアマースト大学は、体育学科二代目教授に就任した**E・ヒッチコック**を中心に、体系化されたアマースト方式（疾病調査と活力検査を導入し、科学的根拠に基づいた方法を用いて運動効果を証明した）を確立し、一躍全米の注目を浴びていたところだった。

そこで、アマーストの卒業生であり、ヒッチコックの優れた後継者でもあった**G・A・リーランド**が選任され、わが国に派遣されることとなった。彼が日本に伝えた体育は、アマースト大学で教えられていた徒手・手具による体操であった。リーランドは１８７８年に来日し、１８８１年に帰国するまでのわずか3年で、教材の作成、体操用具、図書等備品の整備から指導法の確立、教師の養成に至るまで、文部省の体育教育体系の基礎を、ほとんど全ての分野にわたって確立したのである。

またこの間、リーランドに同行して通訳を務めた**坪井玄道**は、その傍ら体育の実技指導も手伝うようになり、その促進に大いに貢献する。のちに坪井は、リーランドの後継者としてわが国の体育教育の発展に寄与した。

E・ヒッチコック　19ページ参照。

G・A・リーランド　19ページ参照。

坪井玄道　１８５２～１９２２年。教育者。教員を経て明治11年（１８７８）、体操伝習所でリーランドの通訳となり、のちに同所教師を務める。体操に加え遊戯（スポーツ）の併用を唱え、サッカーを日本で初めて紹介した。日本人初の体操教師とも言われる。（写真：アマースト大学蔵）

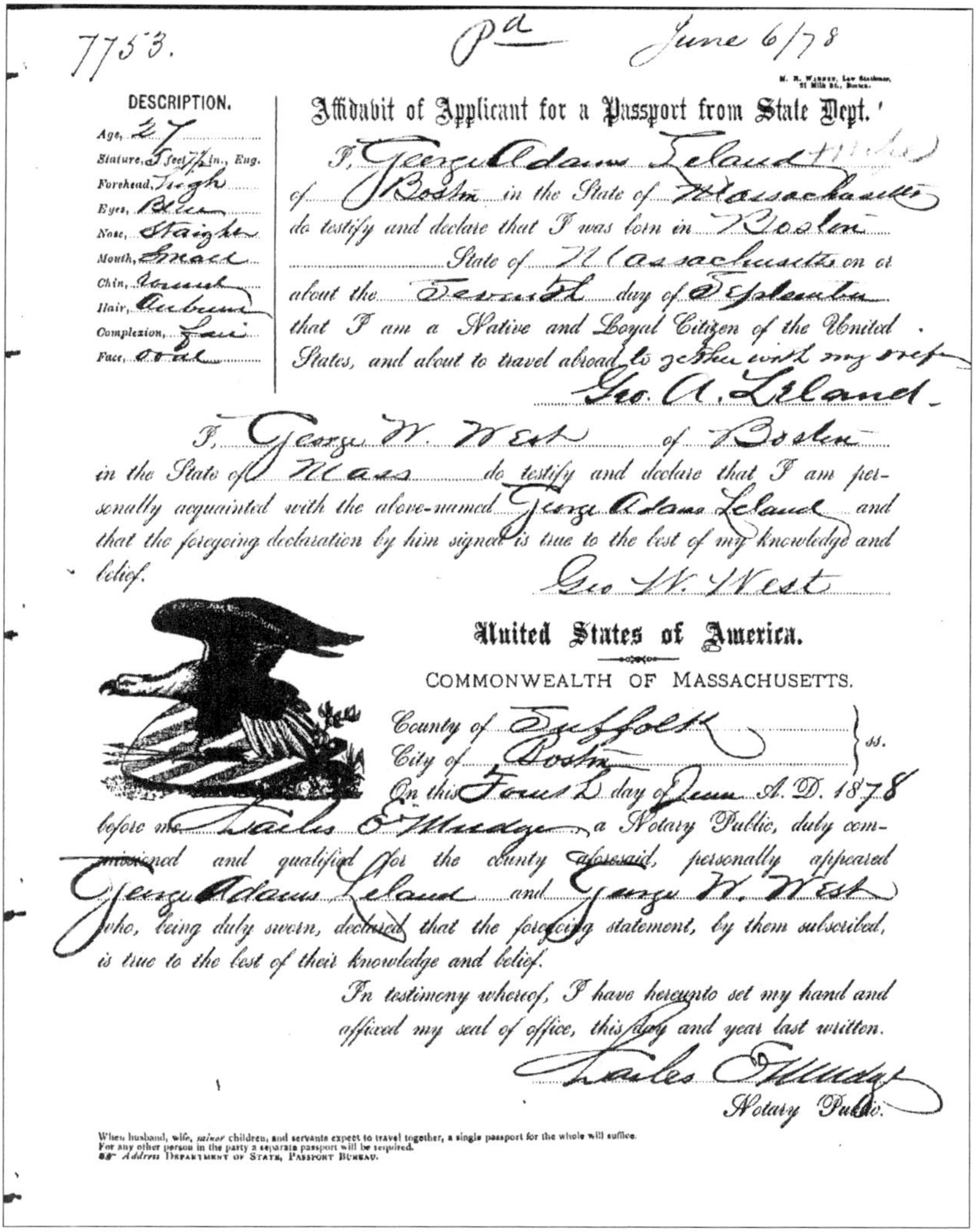
7753. Pd June 6/78

DESCRIPTION.

Age, 27
Stature, 5 feet 7½ in., Eng.
Forehead, High
Eyes, Blue
Nose, Straight
Mouth, Small
Chin, Round
Hair, Auburn
Complexion, Fair
Face, Oval

Affidavit of Applicant for a Passport from State Dept.

I, George Adams Leland of Boston in the State of Massachusetts do testify and declare that I was born in Boston State of Massachusetts on or about the Seventh day of September that I am a Native and Loyal Citizen of the United States, and about to travel abroad together with my wife

Geo. A. Leland.

I, George W. West of Boston in the State of Mass do testify and declare that I am personally acquainted with the above-named George Adams Leland and that the foregoing declaration by him signed is true to the best of my knowledge and belief.

Geo W. West

United States of America.

COMMONWEALTH OF MASSACHUSETTS.

County of Suffolk
City of Boston } ss.

On this Fourth day of June A. D. 1878 before me Charles E. Mudge a Notary Public, duly commissioned and qualified for the county aforesaid, personally appeared George Adams Leland and George W. West who, being duly sworn, declared that the foregoing statement, by them subscribed, is true to the best of their knowledge and belief.

In testimony whereof, I have hereunto set my hand and affixed my seal of office, this day and year last written.

Charles E. Mudge
Notary Public.

When husband, wife, minor children, and servants expect to travel together, a single passport for the whole will suffice.
For any other person in the party a separate passport will be required.
☞ Address Department of State, Passport Bureau.

1878年6月に合衆国政府からリーランドに発行された渡航許可証（アメリカ国立公文書館蔵）

札幌農学校――クラーク招聘と軍事教練の重視、お雇い外国人教師の交流

１８７６年（明治9）、アメリカ・マサチューセッツ農科大学（農業とそれに関係する諸学科を専ら教える、土地交付大学として成立。合衆国における唯一の純然たる農科大学だった）を範として、札幌に開校したのが札幌農学校である。

当時、マサチューセッツ農科大学（現マサチューセッツ大学アマースト校）の学長を務めていたW・S・クラークは、日本政府の要請で札幌農学校教頭として赴任。以来、８カ月に渡って生徒を育成し、専門の植物学の教授の傍らキリスト教の信仰を伝え多くのキリスト教信仰者を輩出させた。

ここでの教育の特徴は、軍事教練が重視されたことにある。開校当初のカリキュラムによれば、毎週2時間だった「練兵」が、クラーク就任の翌年にはさらに細かく設定され、毎日午後に製図（90分）と軍事教練（60分）が実施されるようになった。

次いでここでは特に、札幌農学校に関わりの深いお雇い外国人教師と、アマースト・グループとの新しい人的交流の事例を取り上げる。

それを示す資料が、北大北方資料室に『開拓使外国人関係書簡目録』として所蔵されている。この書簡中に、１８７９年6月19日付の**D・P・ペンハロー**

（札幌）から野口源之助（開拓使東京出張所）に宛てた「リーランド氏より送付予定の人力車小樽へ回送依頼」と題する書簡が収められている。

札幌、１８７９年６月19日

野口様

拝啓　この手紙を受取ると間もなく、東京のジョージ・リーランド博士から、人力車が送られることと思います。その人力車が到着次第しっかり荷造りし、一番早い船便で小樽にお送り下さい。よろしくお願い申し上げます。

敬具

D・P・ペンハロー

これに対して、１８７９年７月３日付でリーランド（東京）から野口源之助（開拓使東京出張所）に宛てて、「ペンハロー氏依頼の人力車送付」と題した書簡が送付されている。

加賀屋敷17、１８７９年７月３日

野口様

拝啓　10日程前に、札幌のあなたの学部にいらっしゃるペンハロー教授か

D・P・ペンハロー　１８５４〜１９１０年。アメリカの植物学者。マサチューセッツ農科大学卒業後、W・S・クラークとともに来日。札幌農学校で教壇に立ち、のちに教頭を務める。学生の課外活動を奨励し、自身の発案で「第１回札幌農学校遊戯会」を開催した。（写真：北海道大学大学文書館蔵）

ら、人力車を一台注文頂きました。完成次第、野口様から教授に送ってもらうことになっていると承っております。こうしてご依頼の通り人力車を納品させて頂くことができ、光栄に存じます。ペンハロー夫人が事故に遭われたため、外出の際便利な様に人力車が必要になったのです。ご都合が付き次第、できるだけ早く教授に送って下さいます様お願い致します。

敬具

G・A・リーランド

当時、体操伝習所に勤務していたリーランドと、札幌農学校教師ペンハローの間に交わされたわずか2通の書簡である。リーランドは、お雇い外国人教師として慣れない日本での生活の最中、不慮の事故でケガを負い、不自由な生活を余儀なくされている同僚であるペンハローの妻を思いやり、東京で人力車を注文して、札幌に送る労を自ら買って出ている。二人の間柄を知ることができる書簡であり、両者の交流が如実に認められる資料といえる。

前掲北方資料室『札幌農学校史料』中には、明治13年1月3日付、札幌農学校教頭心得のペンハローから、開拓(使)大書記官の調所広丈に宛てた「体操器具買入の意見」と題した書簡も所蔵されている。

これは、クラークの帰国後、彼の後を引き継いで教頭の職に就いたペンハローが、同校の生理学・解剖学担当教師兼医師でもあったカッターに、生徒の体質を養成する方法について意見を求めた結果を伝えたものである。これによると、リーランド博士が監督する東京体操伝習所で実際に使用している体操用具一式を取り寄せ、直ちに体操科の実施に踏み切るべきであるとの意見が述べられている。

書簡中に取り上げられている13種類に及ぶ体操用具は、いずれもかなり具体的にその機種、形態、数量が示されており、事前に両者の間に入念な情報交換がなされた結果と見做される。書簡の最後に述べられている通り、正課としての体育の位置づけ並びに内容構成は、アマーストに範を採ったものといえる。

ここまで見て来た三つの学校における体育教育に共通するものは、それらがいずれもマサチューセッツ州アマーストに端を発する一文化として、わが国にもたらされたものであった。『日本近代化の先駆者たち』（吾妻書房、１９７５）で著者の手塚竜麿が指摘しているように、「アマースト・グループとでも言うべきネット・ワークの存在」が、日本近代における体育教育の発展に重要な意味を持ったのである。

わが国の近代体育をリードしたアマースト・グループ

次に、わが国の近代体育をリードした先進モデル校の創出に、大きな影響をもたらしたアメリカの「アマースト・グループ」のネットワークについて取り上げていく。

アマースト大学――科学的指導法の導入とリーランドによるアマースト体育の伝達

アマースト大学は１８６０年（万延元）、全米でいちはやく体育館を建設し、体育学専門の教授を配する体育学科を設置したことで知られている。その翌年、第二代教授にE・ヒッチコックが就任し、科学的指導法を導入したアマースト方式を確立したことから、同大学の体育教育は一躍全米から注目される存在となった。

同大学の卒業生には、W・S・クラークをはじめG・A・リーランドや新島襄など、のちに日本の近代教育に深い関わりを持つ人物が多い。わが国の体育教育との関わりは、１８７２年（明治５）４月にまで遡る。田中不二麿は岩倉大使一行に加わって渡米したが、この時アマースト大学を訪ね、シーリー教授やヒッチコック教授とも直接交遊をしている。

アマースト大学バレット体育館——1860年撮影（アマースト大学蔵）

アマースト大学バレット体育館での体育授業の様子——Junior Class〈1877〉（アマースト大学蔵）

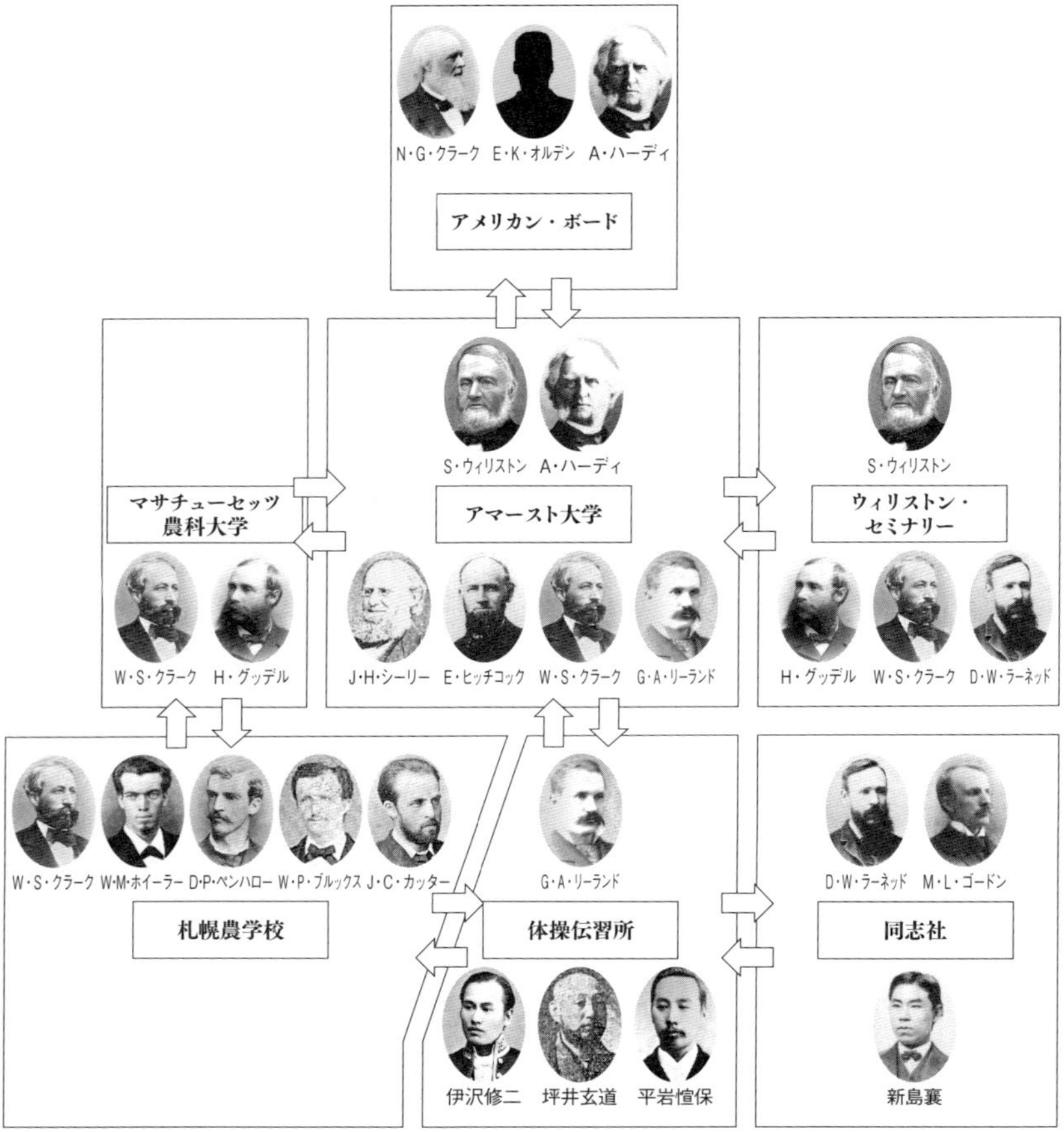

アマースト・グループ、日本、アメリカン・ボードの相関図

［写真出典］A・ハーディ：『新島襄——その時代と生涯』（1993年、同志社）より、S・ウィリストン：ウィリストン・ノーサンプトン・スクール、W・S・クラーク：北海道大学大学文書館、H・グッデル：マサチューセッツ州立大学、J・H・シーリー：アマースト大学、E・ヒッチコック：アマースト大学、G・A・リーランド：アマースト大学、W・M・ホイーラー：北海道大学大学文書館、D・P・ペンハロー：北海道大学大学文書館、W・P・ブルックス：北海道大学附属図書館、J・C・カッター：北海道大学附属図書館、伊沢修二：東京芸術大学大学史史料室、坪井玄道：アマースト大学、平岩愃保：静岡英和女学院資料室、新島襄：アマースト大学

1876年11月、田中はフィラデルフィア博覧会の帰途、2回目のアマースト訪問を行っている。この時、体育授業を実際に見学したことが直接的な契機となり、帰国後の1878年3月、体育教師選任の依頼を親書にしたためることになる。その依頼を受け、当時、ボストン市立病院の医師として研修中であったリーランドが推薦され、日本に赴くこととなった。

彼はアマースト大学在学中、体育のクラス・キャプテンを務める傍ら、1875年に共著で体育に関する指導書の刊行に関わっており、技術ならびに指導の面でもその力を大いに発揮したのである。

マサチューセッツ農科大学——軍事教練の重視と配属将校制度の導入

1867年（慶応3）、**モリル法**に基づき軍事教練を実施しながら、農業および機械技術の教育を振興する目的で、マサチューセッツ州アマーストに農科大学が創設された。開学当初から「軍事教練」「軍事技術」は必修科目として位置づけられていた。

マサチューセッツ農科大学の第7年報において、クラークは軍事技術の教育がモリル法によって要求されていることをあげ、以下のように述べている。

「合衆国の多数の知的な若者たちにライフル、銃剣、サーベル、大砲の使用法、戦場における各種の軍務に従事する兵卒や士官の義務、加えて要塞構築の知識

モリル法　農業大学設立のため、アメリカ各州に公有地を与えるための法律。1862年、ジャスティン・モリルの提唱で成立。名称はその名にちなむ。各州の連邦議会上下両院議員それぞれに公有地または公有地証券が与えられ、その売却収入を資金に農業およびその技術を教える大学を設立した。その多くは、やがて州立大学へと発展していく。

等に関する事柄を訓練することは国家にとって莫大な価値があろうことを信じ、かつまた軍事訓練は体育の最もすぐれた手段となることを信じて、本学はこの部門に十分な時間を割いて来た」

さらに来日直前の第13年報では、「連邦政府もそれを評価し、軍事の教授職を供与することによって、その方面の教育の便宜を増加させてきた」とこれまでの実績を強調している。

アメリカ陸軍士官を教授に任命する一種の**配属将校制度**の導入は、マサチューセッツ農科大学において1869年(明治2)以来、実行されてきた。当時4名の教授が配置されていたが、そのうちの一人に「フランス語」兼「軍事教練」担当教授として、後述するH・グッデルの名前も見られる。

ウィリストン・セミナリー――アマースト大学モデルの教育方針と体育の重視

1841年(天保12)、サムウェル・ウィリストンの多額な寄付(推定額2万7000ドル)によって、イーストハンプトンに設立された当地初の中等教育機関(高等学校)が、ウィリストン・セミナリーである。ちなみにウィリストンは、アマースト大学に対しても同様に寄付を行い、のちに校舎の寄贈まで行っている。

発足当初は共学であったが、1864年(元治元)から男子校となった。同校

配属将校制度　学校における教練(戦闘訓練)を指導するため、陸軍現役将校を配属する制度。

ハーバード大学体育館——1859年（アマースト大学蔵）

はＷ・Ｓ・クラークやラーネッドの母校であると同時に、アマースト大学とも極めて密接な関係にある高等学校であった。クラークは開校と同時にこの学校に入学し、１８４４年（天保15）に卒業している。ラーネッドも１８６４年にこのセミナリーに入学し、寄宿舎生活を2年間経験している（この学校のスポンサーでもあったウィリストンは、ラーネッドの母親の伯父にあたる）。

この学校の教師は、そのほとんどがアマースト大学の出身者であり、カリキュラム自体もアマースト大学をモデルとしていた。クラークもアマースト大学を卒業後、母校に戻り、2年間ここで化学と博物学を教えている。クラーク夫人となったハリエット（彼女はウィリストンの養女の一人であった）もまたこの時期、同校の教師を務めていた。

ラーネッドの在学中に教鞭をとった教師は全部で9名いたが、いずれもアマースト大学の卒業生であり、のちにアメリカン・ボードの理事長や幹事、それ以外にも他大学の学長や教授となっている。このセミナーはアマースト大学と同様に体育が重視されており、ラーネッドの入学した時期にあたる１８６４年8月に体育館が建設され、以後、体育の授業は週4回実施された。

ラーネッドは同志社の体育実践をその回顧録の中で、「同志社で行った体育で、私はイーストハンプトンの学校で学んだことを活用しました。同校ではＨ・グッデル（高名な宣教師の子息）先生から教わりましたが、のちに先生はマサ

エール大学体育館の外観と内観——1860年（アマースト大学蔵）

チューセッツ農科大学の学長になられました」と証言している。

このように、日本に体育を導入するにあたって力を尽くしたアメリカ人は、アマースト大学学長のシーリーをはじめ、ほとんどがアマースト関係者で占められていた。しかも、彼らのいずれもが、アメリカン・ボードの関係者だったのである。

V　復元模型の作製とその後

立体的構造物としての体操伝習所体操場

残された資料の制約もあり、これまで体操伝習所体操場については、建物の平面的把握のみが取り上げられてきた。しかし、本資料の発見を機会に立体的構造物として捉えることが可能となり、模型の作製が実現することになった。本施設の模型製作は、ビーズファクトリーの橋本孝幸氏に依頼することになった。

氏はすでに数多くの建築物の模型製作に関わった経験を持ち、前出の角幸博氏から最適任者として推薦をいただいた人物だった。これまで検討した仕様書、設計図を手がかりに、２０１０年12月を目途に該所体操場の模型製作を手掛けてもらうことになったのである。

２０１１年４月12日、予定の期日より少々遅れて、待ちに待ったこの歴史的建造物である体操伝習所体操場が無事完成した。でき映えは、想像を遥かに超える素晴らしいものであり、細部にわたる造りまで、往時を忠実に再現したも

「体操伝習所体操場」復元模型、外観（縮尺１/50、2011）

「体操伝習所体操場」復元模型、内部体操器具（縮尺1 /50、2011）

のであった。

さらに驚かされたのは、当時使用された体操用具の数々が、体操場の内部に再現されていたことである。10種類を超える体操用具が細かな部分まで再現され、当時の様子そのままの空間を我々の前に現出せしめていた。これほどまでに設計図面に忠実かつ、初期の学校体育施設の内部空間や体操用具の配置を具体的に明らかにした資料は、これまでになかった。復元模型を製作いただいた橋本孝幸氏には、ただただ感謝の気持ちで一杯である。

その後、研究成果を公表する目的で２０１１年5月25日、北海道大学総務企画部広報課の求めに応じて今回の成果を、「１３０年を経て、わが国最古の学校建築（体操場）今に甦る」のタイトルでプレスリリースとして公開。ほどなく、共同通信社をはじめ、毎日・読売・北海道新聞の各紙、マスコミ数社から取材を受けることになった。

今回完成した復元模型については、その収蔵先を種々検討した。条件としては、①近代学校建築に特化した展示品を中心に、収納・陳列されている展示館であること、②供覧者にとって利便性の高い施設であること等、を最優先に考えた。その結果、**東京大学総合研究博物館小石川分館**に寄贈することを決定したのである。

現在この模型は、２０１３年12月1日に新装なった東京大学総合研究博物館

東京大学総合研究博物館小石川分館　明治期以降、東京大学の各研究科で利用された学術標本を展示する施設。１９７０年、国の重要文化財に指定された、東大に現存する最古の学校建築「旧東京医学校本館」を利用。総合研究博物館分館として一般公開されている。

小石川分館にて、以下の解説文とともに常設展示されている。

〈和文〉

　体操伝習所体操場

　不詳（ジョージ・アダムス・リーランド博士監督のもと明治政府が建築）／東京／明治12（１８７９）年／１／50／大櫃敬史（模型製作責任者）＋角幸博（監修）＋伊藤桜（復元図作成）＋橋本孝幸、ビーズファクトリー（模型製作）／２０１１

〈欧文〉

Taiso-Denshujo (the Normal School of Gymnastics) Gymnasium

Unknown (built under the supervision of Dr.George Adams Leland)

Tokyo,1879,1/50,Takashi Obitsu + Yukihiro Kado + Sakura Ito + Takayuki Hashimoto, 2011

東京大学総合研究博物館小石川分館に展示されている「体操伝習所体操場」復元模型

VI エピローグ

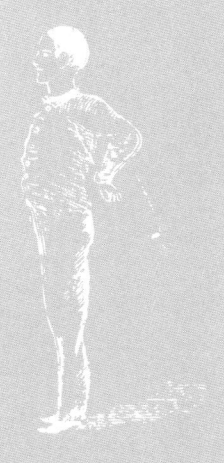

ダリア・ダリエンゾ氏（元アマースト大学特別資料室室長）との出会い

アマースト大学スペシャル・コレクションズを私が足繁く訪れるようになってから、早くも20有余年の歳月が経過した。最初に大学の特別資料室を訪問した時、閲覧係としてアメリカでの資料探索に不慣れな日本人の私に対し、懇切丁寧に対応してくれた女性がダリア・ダリエンゾ（Daria D'arienzo）氏である。

その時の出会いを、つい昨日のことのように思い返している。何度もなんども窓口を訪れているうちにすっかり顔馴染みとなり、氏から資料について特別な便宜を受けたり、少々の枚数を超えての複写サービスを許されたりするようになったと記憶する。

3年前、氏は永年慣れ親しんだこのセクションをリタイアすることになった。最後は室長（特別資料室の最高責任者）としてその重責を担い、姉妹校関係にあった京都の同志社大学にも足繁く出向かれ、日米の研究交流にも積極的に取り組まれていた。大学を去る年の秋、私の勤務する北海道大学を夫妻で訪問され、

アマースト大学スペシャル・コレクションズ　大学設立当初からの貴重な資料の数々が収められている資料室。特に同大学における体育学科創設に関わる資料、リーランド関係資料、新島襄や内村鑑三に代表される日本からの留学生に関する資料が充実。アマースト大学を研究対象にする者にとって、必要不可欠な資料を所蔵する。

アマースト大学特別資料室へ「体操伝習所体操場」復元模型の写真を寄贈する著者

元アマースト大学特別資料室室長のダリア・ダリエンゾ氏（左）夫妻と著者

W・S・クラークにゆかりのある資料13点を北海道大学附属図書館北方資料室に寄贈していただいた。

その後も、アマーストを訪れる度に温かく出迎えてくれ、必ずといってよいほど夫君のジョンさんともども食事会を催していただくなど、たいへん心のこもった最高のもてなしを受け続けている。最初の出会いが縁となり、遠い異国の地に知己を得ることができたことは、私にとって至上の喜びであり、今では貴重な財産となっている。

私は、わが国に近代体育をもたらした最大の恩人、ジョージ・アダムス・リーランド博士の母校でもあるアマースト大学に、感謝の意を込めて、完成した体操伝習所体操場の復元模型（縮尺1／50）を寄贈することを考えていた。しかし、アマースト大学スペシャル・コレクションズでは立体の資料を収蔵しておらず、代わりに模型の写真を贈ることになったのである。

大学ゆかりの体操場復元模型を、130年ぶりに送り届けるという希望は叶わなかった。けれども、完成した模型の写真を直接寄贈する機会を得たことで、どうにか「お里帰り」の手伝いを果たすことができ、今はほっと胸を撫で下ろしている。

W・S・クラークにゆかりのある資料13点　それまで北海道大学附属図書館北方資料室に未所蔵であった、アメリカ・アマースト大学スペシャル・コレクションズ所蔵のクラークゆかりの資料。クラークが札幌で過ごした日々や日本国内を旅行した際に、本国の妻に宛てて送った書簡や、彼が南北戦争に従軍していた際、着用していた軍服のボタン（写真資料）など、クラーク関係資料として貴重なものが多数含まれている。

Ⅶ 本書関連資料

バレット体育館関連図版

ここでは、アマースト大学が所蔵するバレット体育館に関する図版を掲示する。

バレット体育館（アマースト大学蔵）

AMHERST COLLEGE!

ORDER OF EXERCISES AT THE LAYING OF

The Corner Stone of the

GYMNASIUM!

THURSDAY, Oct. 13, 1859.

The procession will form in front of the COLLEGE CHAPEL, at noon precisely in the following order.

First, Montague Band; second, Donors to the Gymnasium, Trustees and Faculty of the College; third, Students in the order of their Classes, beginning with the Seniors; fourth, Members of the Hampshire Agricultural Society and Others.

The procession will march to the location of the new Building where Prayer will be offered by

Rev. Prof. J. H. Seelye.

CEREMONY OF LAYING THE STONE!

Address by

PRESIDENT STEARNS.

バレット体育館開館記念式典の告知ポスター（アマースト大学蔵）

札幌農学校赴任中のＷ・Ｓ・クラーク博士が資料として本国から取り寄せた、ウィリストン・セミナリー（学院）の体育館内部の写真。アマースト大学と密接な関係にあったことから、バレット体育館も同様の内部構造であったと推測される（北海道大学附属図書館蔵）

バレット体育館設立経緯関連資料

アマースト大学スペシャル・コレクションズに興味深い資料が保存されている。バレット体育館に関する一連の資料である。これらに関する資料調査の発端は、1916年にアマースト大学を訪問した日本人研究者、可児徳（かに・いさお、東京師範学校教授）から本テーマについて研究したいという強い申し出があったことが直接的な切っ掛けとなった。その事実を明らかにした資料、またこの体育館を建てたC・E・パークス（ボストンの建築家）の証言が残されており、その他にも本学体育館の定礎式開催の詳しい模様を紹介した記事等が多数含まれている。

◇設立経緯１

〈原文〉

THE TRUTH ABOUT BARRETT GYMNASIUM

PAUL C. PHILLIPS

OF all seekers after truth the debunker is probably the most unpopular, whether he is engaged in exploding myths relating to great men of the past or legends long accepted on the basis of tradition. He cannot expect to avoid obloquy if he sets out to challenge the relative antiquity of a building often described as the first or oldest of its kind. It was, therefore, with a courage amounting almost to temerity that the writer in an unguarded moment agreed to give to our alumni the historical facts regarding the antiquity of Barrett Gymnasium, now Barrett Hall.

As a matter of fact the data here given were compiled, not from any desire to enter upon a debunking quest, but in order to satisfy the curiosity of a foreigner, Professor Isao Kani of the Tokio Normal College, who, while visiting Amherst in 1916, wished to learn the priority of college gymnasia in America. Ironical, is it not, that a teacher of physical education from Japan, a land which owes so much to Dr. Hitchcock and Dr. Leland, should have precipitated the investigation. But it is balm to the soul of the poor debunker, who is thus enabled to shift the blame to other shoulders.

※原文は一部転載

〈訳文〉

バレット体育館についての真相

ポール・C・フィリップス

バレット体育館（現在のバレット・ホール）の古い歴史に関する事実を、本校の卒業生に伝えることに、図らずも合意してしまったのである。

実際のところ、ここに提供したデータは、誤りを暴く試みの手掛りにしたかったからではなく、1人の外国人の好奇心を満足させるためにまとめたものである。この外国人というのが、東京師範学校（Tokio Normal College）の可児徳教授である。彼は1916年にアマーストを訪れた際に、米国の大学では体育館が重視されていることについて研究したいと願い出た。日本という、ヒッチコック教授とリーランド教授が多大な貢献を果たした国からやってきた体育教師がこの調査に加わったのも、皮肉なことではない。

知らない人もいるかもしれないが、1826年から28年にかけて、ハーバード、エール、アマースト、ウィリアムズ、ブラウン、ボードインの各大学で、ヤーン（ドイツ）式の野外体育館が建設された。アマースト大学の野外体育館はグローブ校にあった。1826年にその建設地が整備され、その翌年に学生が体育クラブを立ち上げ、体育器具の設営および保守支援にあたった。それが何階建てだったかという記録は見当たらない。（中略）またこのとき、グローブ南端に10×12フィートの浴場が建設され、併設のシャワーバス用の水はウェル校から導水した。

アマースト大学の記録によれば、バレット体育館は1859年10月13日に着工され、1860年夏に完成し、同年秋から学生が利用できるようになった。ヒッチコック学長の「アマースト大学回顧録」（1894年）とW・S・タイラー教授の「アマースト大学の歴史」（1894年）に、この建物の建設および外観についての詳細が記述されているので、ここで紹介したい。

ヒッチコック学長は次のように書いている。「まだ説明していない公共建築物がもう1つある。それは整形されていないペラム片麻岩で造られた体育館である。この巨大な外見の建物は、建築規則に則って建てられてはいるが、建築物としてはあまり美しいものではない。建築に取り掛かったのは1859年秋で、冬が来るまでに可能な限り作業が進められたが、モルタル部分の凍結がひどかった。ただしこの部分の接着力が不十分だったとしても、壁面は長期に渡り持ちこたえるのである。この建物を1859年に完成させようと、多くの資金が投じられることになった」。

通常であれば8,000〜9,000ドルであった建築費は、最終的には10,000ドルになった。だが結局のところ完成は1890年秋に延びたのである。その建設に最も多額の寄付をしたのは、ノーサンプトンのベンジャミン・バレット博士（1,000ドル）だったことから、この建物は「バレット体育館」と呼ばれている。

タイラー教授は、「この建物の設計者は、ウィリストン・ホールおよびイースト・カレッジと同じくボストンの建築家チャールズ・E・パークスである」と記している。教授はさらに、「著者の目には、これは本校で最も美しい建物の1つに見える。周囲との調和美を有し、現代では珍しい簡素さを備えている。これを建てた人々は、優れた美的感覚と審美眼を持っていたからこそ、レンガではなくかつてのように石を使ったのである。後に建てられた建築物にも、彼らのやり方が取り入れられており、おそらく今後も同様の工法が使われることになるだろう」とも書き残している。

バレット体育館の美観はともかくとして、果たしてこの体育館は、しばしば言われているように「米国で初めて建てられた大学体育館」なのだろうか？　1916年に信頼すべき情報筋から得た情報には、以下のような親書の引用文が含まれている。

ハーバード大学　D・A・サージェント体育学部長：「各種の報告書を調べたところ、ハーバード大学の体育館が最初に建てられた年号として、1858年・1859年・1860年の3つが記述されていることがわかった。しかしさらに調べてみると、法人報告書に『1859年に体育館が建設された』という記述を見つけた。従ってこれを、事実に基づく建設年度とみなしてよいだろう」

エール大学について：「エール大学体育学部の校舎は、ハートウェル博士の報告書（E・M・ハートウェル博士の1873年報告書）によれば1859年に建てられた。彼の調査はかなり慎重に行われているため、彼の供述を証拠と認めることにする」

プリンストン大学　ジョセフ・E・レイクロフト体育学部長：「先日、学生運動の代表を務めたという人物と話したところ、この運動によって体育館が建設されることになり、建物は1859年4月に完成したということだった。明らかに、寄付金の募集期間も建設の完成も2年延長され、1857年から1859年になったのである」

ウィリアムズ大学　ラテン語学部ヘンリー・D・ワイルド教授：「ウィリアムズ大学には4つの体育用の建物があった。それらの建築年度に関する最も古い記述によれば、1859～60年の大学カタログに『訓練のために、学生が所有し管理する簡易な体育館が建てられた』と書かれている」

ボードイン大学　F・N・ホイッティア衛生体育学部長：「1860年、室内体育館が建設された。その完成の正確な日付の記録はまだ見つかっていない」

バージニア大学　W・A・ランベス体育学部長：「視察員会議事録に、本大学で1861年まで教鞭をとったM・ディアルフォンスの指示の下で、体育館が1851～52年に建設されたと記されている。この建物は1861年の火災で焼失したが、その時点で大学の5カ所の丘に5つの野外体育館が設置されていた」

上記の引用から、バレット体育館が1859年10月13日に起工されたにしても、1860年秋に使用開始されたにしても、この体育館が米国の大学で最も古いとは言えないことは明らかである。とは言え、南北戦争前に建てられ、現在まで残っているのは、この体育館だけだというのは、おそらく確かであろう。

しかしアマースト大学が、それよりもはるかに重要な貢献をなしたことは確かであり、バレット体育館はここの大学の信念を形にしたものに他ならない。全ての歴史家が同意しているように、アマースト大学は、大学には学生の健康を管理する責任があるという考えから、衛生体育学部を導入した最初の大学である。

スターンズ学長は就任に際し次のように述べている。「私たちに最も求められているのは、『学生の健康を常に気遣う』ことである」そして1856年の理事への報告書の中で、「学生の健康状態が悪くなるというのは（中略）、それを防ぐための適切な手段を講じるのであれば、全くあり得ないことだと思う」と言っている。さらに1859年には「理事会で検討していただきたいのだが、このような（身体の）訓練を奨励するのは時期尚早だろうか。また、体育館建設のために十分な対策をいつ講じるべきであろうか」と書いている。そして遂に1860年8月6日の報告書で、「私たちに必要なのは、教授職を体育学部全体に拡大することである」と宣言した。

この理事会会議で、「身体鍛錬のための学部」を設置し、「体育衛生学教授」がそこで指導にあたることが決議された。

他の学長も学生の健康を案じていたが、想像力と勇気を持って、忍耐強くその実現に取り組んだのは、スターンズ学長ただ1人である。彼は理事会、新たに設置された学部、その他の大学関係者と協力して状況改善に取り組んだ。これは実に先駆的な取り組みであり、その結果としてアメリカの大学生活に図り知れない恩恵がもたらされることになった。

ネイサン・アレン博士とその委員会が枠組みを定めたこの新たな学部は、エドワード・ヒッチコック博士が創始した独特の体育プログラムを必修とし、その機能はやがて「アマースト計画」として広く知られるようになった。当初この計画は他大学から批判されたが、やがて追随されることになった。

このような経緯により、バレット・ホールの銘板には次のように刻まれている。「当初『バレット体育館』と呼ばれたこの建物は、1854年から1884年までアマースト大学体育学部の校舎として使われていた。これは米国の大学で初めて設置された体育学部である」

◇設立経緯2

〈原文〉

20. BARRETT HALL

1859-60 *Charles E. Parkes, architect, Boston*

Named after Dr. Benjamin Barrett of Northampton, because he contributed the largest sum of money for its construction, Barrett Hall was originally the gymnasium. It held gymnastic apparatus and bowling alleys, and was in use until Pratt Gymnasium was built in 1883. In 1970 it was renovated for the Department of Modern Languages. Although this was not the first American college gymnasium, the College was the first to organize a Department of Physical Education, and this building was naturally its headquarters.

The dull gray stone is gneiss quarried in Pelham. Parkes created an unusually simple yet effective design based somewhat on classical design, but with very little embellishment.

〈訳文〉

バレット・ホール
1859-60年

建築家チャールズ・E・パークス
ボストン

建設に最も多くの資金を寄付したノーサンプトンのベンジャミン・バレットにちなんで名づけられたバレット・ホールは、当初は体育館だった。その内部には体育器具とボーリング場があり、プラット体育館が1883年に完成するまで使用された。1970年、現代語学部の校舎として改装された。米国の大学で最も古い体育館ではないものの、体育学部を設置したのはアマースト大学だけで、当然その本部はこの建物に置かれることになった。

くすんだ灰色の石はペルムで採石された片麻岩である。パークスによるこの建物の設計は、伝統を踏襲しつつも、装飾を最小限に留め、シンプルだが効果的なものになっている。

〈原文〉

BARRETT HALL

1860 $10,000.

There were subscriptions of $3,550. made in 1859 toward the erection of the building.

The total subscriptions for the building are stated by President Nitchcock to have been about $5,000. The cost of building and its equipment for gymnastic purposes he estimated at $15,000.

A few years after its completion Dr. Benjamin Barrett of Northampton, who had been one of the contributers to the fund for erection of the building, put in at his own expense a gallery for spectators at the west end of the building.

In 1907 it was renovated at a cost of $11,000. chiefly with money realized for the sale of the Strong estate on Lincoln Avenue.

〈訳文〉

バレット・ホール

1860年　　＄10,000

1859年に寄付金＄3,550がこの建築物の建設に充てられた。

ヒッチコック学長によれば、建築に使われた寄付金の総額は約＄15,000になり、その建材と体育用備品の費用は＄15,000と見込まれた。

建物が完成した数年後に、この体育館の建設資金の寄付者の１人、ノーサンプトンのベンジャミン・バレット博士が、建物の西端に観客用ギャラリーを設置する資金として、私財を投じた。

1907年、このギャラリーは＄11,000で改装され、その費用は主としてリンカーン・アベニューのストロング地所の売却費で賄われた。

〈訳文のみ〉

1947年1月8日

本校のバレット・ホールは1859年に建設され、その建設に多額の寄付をしたノーサンプトンのベンジャミン・バレット博士にちなんで名づけられました。バレット博士は1819年の終わりにハーバード大を卒業した後、ノーサンプトンで25年近く医業を営み、1869年に73歳でお亡くなりになりました。ご子息のエドワード・ベンジャミン氏は、アマースト大学に入学したものの（1858年）、中退し、ご尊父と同じ医大に進学し、1885年にお亡くなりになりました。

館長
ウォルター・A・ダイアー
ロック・ウォールズ・ファーム
マサチューセッツ州アマースト

〈訳文のみ〉

1930年5月17日

親愛なるボブへ

私の級友であるウォルター・アレンから、彼が私物の中に偶然見つけ、破棄するのをためらっていたという、本書簡に添付した覚書が送られてきました。アレンによれば、それが何年のものかはわからないものの、バレット・ホールが体育館として使われていた頃に作成されたということです。彼がこれを見つけたのは1899年か1900年のことで、バレット・ホールに保存されていた地質学的試料を片付けていた時に出てきたものです。明らかにそれはプラット体育館よりも前に作成された古文書の遺物です。貴方がこれを大学の記念物として保存する価値があるとお考えになるかもしれないと思い、ここに添付させていただきます。

この情報が貴方の研究の一助となれば幸いです。

敬具

［署名］ウォルター・ダイアー

〈原文〉

"This frame—BODY—is a temporary trust for the uses of which we are responsible to the Maker. Oh! you who possess it in the supple vigor of lusty youth, think well what it is He has committed to your keeping. Waste not its energies; dull them not by sloth; spoil them not by pleasures! The supreme work of creation has been accomplished that you might possess a body—the sole erect—of all animal bodies the most free, and for what! for the service of the soul. Strive to realize the conditions of the possession of this wondrous structure.

Think what it may become, the Temple of the Holy Spirit! Defile it not. Seek rather to adorn it with all meet and becoming gifts, with that fair furniture, moral and intellectual, which it is your inestimable privilege to acquire through the teachings and examples and ministrations of this Seat of Sound Learning and Religious Education."

PROF. RICHARD OWEN.

INSCRIPTION ON THE SOUTH WALL OF BARRETT GYMNASIUM.

〈訳文〉

バレット体育館南側壁面の碑

スチューデント　1878年9月

「この体、すなわち肉体は、私たちが使用できるよう一時的に託されたもので、私たちはこれを創造主に対し責任を持って使用しなければならない。強壮な若者のしなやかな活力を備えた君たちよ、神が君たちに持っていてよいとしたものが何かを、よく考えてみよ。そのエネルギーを無駄にするな。怠惰によってそれを鈍らせてはならぬ。快楽によりだめにしてはならない。創造という至高の所業が達成されたために、君たちは、他のどの動物よりも自由で、しかもああ！魂に仕えるべく単独で立つ、肉体というものを所有しているのだ。この素晴らしい構造物を所有しているという状況を、十分に自覚すべく尽力せよ。

　この、聖霊の神殿となり得るものを考えてみるとよい。それを冒涜してはならない。全ての試合で、また適切な天賦の才によって、そして道徳的・知的なものを適正に備えることで、それを引き立たせるべく尽力せよ。それは、この健全な学びと宗教教育の場での教育、事例、そして支援によって、獲得することができる。それは諸君にとって、測り知れない恩恵となるのである」

リチャード・オーエン教授

◇設立経緯 3

〈原文〉

LAYING OF THE CORNER STONE
OF THE
COLLEGE GYMNASIUM.

At twelve o'clock on Thursday, the corner stone of the Gymnasium was laid, according to previous announcement. At the hour designated a procession was formed at the Chapel, in the following order:

THE PROCESSION, &C.

The Montague Band.
Donors to the Gymnasium.
Trustees and Faculty.
Students in the Order of their Classes—Seniors first.
Members of the Agricultural Society;
Marshalled by Sheriff Longley.

The procession then marched to the ground of the new Gymnasium.

The Divine blessing was invoked by Prof. J. H. Seeley.

Hon. Edward Dickinson then read a statement of the objects of the institution, and the circular addressed to the public, at the commencement of the project, which was as follows:

COLLEGE GYMNASIUM

To whom it may Concern; Deeply impressed with the importance of physical culture to bodily developement and health; to intellectu-freedom and power; to moral proficiency; and to the ablest and best growth of the educated man, the Corporation of Amherst College, seconded by the Faculty, and aided by generous friends, have determined to erect this Gymnastic Hall. They hope to add something by it to the education, as to completeness and utility, which the College is already able to bestow.

As the Institution was founded not merely for the Literature, the Philosophy, the Sciences and the Arts taught in it, but for all the high purposes of manly and christian life, through the knowledge and discipline here given, and the power thereby attained, we follow the example of our Fathers, and dedicate this building like the others to "Christ and the Church" To such great ends we believe it will ever be kept sacred. But should it, in process of time be desecrated to any purposes of immorality, or to any thing adverse to the best interests of mankind, and should a thorough reformation of its uses be found impracticable in such a contingency, which however we do not anticipate, we would that a fire should consume it, or an earthquake throw it down, as, under such circumstances its entire destruction would be more in keeping with the wishes of its builders, than its longer durability. That it may help to save lives, to promote health, strength usefulness and happiness, and to develop among our students, by the increased completeness of their education, a larger and nobler manhood, we have already prayed and will ever pray.

In behalf of the Corporation of Amherst College, and of the Faculty, and friends of the same;

WILLIAM A. STEARNS, President.

The list of the donors to the enterprise was also read by the same gentleman, and were as follows:

〈訳文〉

大学の体育館の定礎式開催

先に発表された通り、木曜正午、体育館の定礎式がはじまった。指定された時刻に、礼拝堂で以下の順に参加団体が列を作った。

この行列は、
モンタギューバンド
体育館の寄付者
理事と教授陣
学生(上級クラスから順に)
農業団体のメンバー
等によって構成され、ロングリー保安官の指示で整列すると、新設された体育館のグラウンドへと行進した。
J・H・シーリー教授が神の加護を祈った。
続いてエドワード・ディオキンソン閣下がこの教育機関設立の目的と、本プロジェクト開始時に一般市民に配布された以下の案内状を読み上げた。

大学体育館
関係者各位：
身体の発達と健康、知性の自由と力、道徳的習熟、そして最高レベルの教養人にとっての身体鍛錬の重要性を深く胸に刻み、アマースト大学法人は、教授陣の支持を得て、また寛大な友人の助けを借りて、体育館の建設を決定した。それが本学の教育をさらに完全なものにし、現在本学が提供している有用性をさらに高めることになれば、と願っている。

本大学創設の目的は、文学、哲学、科学、人文科学の教育に限らず、人類およびキリスト教徒が目標として高く掲げるもの全てに資することであった。これらの目的は、本学で与えられる知識と鍛錬、およびそれによって得られる力によって達成されるものである。私たちは本学の創始者の例に倣い、他の校舎と同様に、この建物を「キリストと教会」に捧げる。この体育館がこうした偉大な目的を達成するために使われる限り、建物の神聖は永久に保たれると確信している。しかし、年月の経過と共に、その神聖が汚され、何らかの不道徳な目的に使われることになれば、もしくは人類最大の利益に反する目的に使われることになり、その用途が完全に変えられ、こうした有事に役立たないような事態が生じれば(ただしそうした事態は全く予想していないが)、この建物は火災で焼失するか、地震により崩れ落ちることになろう。なぜなら、そうした状況下でこの建物全体が崩壊することは、その耐久性の問題というよりも、建築者の願うところであったに違いないからである。従って、人命を救い、健康と強靭さ、有用性ならびに幸福を増進し、本学の学生への教育をさらに完全なものにするため、私たちは本学の教育により、偉大かつ高貴な人間が育成できるよう、祈りを捧げてきたのであり、今後も祈り続けるであろう。

アマースト大学法人、教授陣、ならびに我らが友人を代表して

ウィリアム・A・スターンズ学長

さらに、この事業に寄付した人々の一覧が、以下の通り読み上げられた。

建物への寄付者：

ジョージ・メリアン(スプリングフィールド)、エドワード・バレット医師(ノーサンプトン)、A・W・ポーター閣下(モンソン)、ホレス・ビニー・ジュニア殿(フィラデルフィア)、イーノス・ディキンソン(アマースト)、エドワード・サウスワース(ウェストスプリングフィールド)、ジョセフ・カルー(サウスハドレー)、G・H・ギルバート(ウェア)、ジョージ・ホウ、ヘンリー・エドワード、アブナー・ブリガム、フレデリック・ジョーンズ、S・D・ワレンの諸氏(ボストン)、ヤコブ・メリック(ソーンダイク)、E・W・ボンド(スプリングフィールド)

建築委員会：

J・B・ウッヅ閣下、ウィリアム・S・クラーク教授、S・ウィリストン閣下、スターンズ学長、チャールズ・E・パークス(ボストンの建築家)、R・R・メイヤーズ(ノーサンプトンの建築施行者)

カスケット（小箱）に以下の記事を収め、隅石の下に埋めた。

カスケットに収められた記事：
ハンプシャーとフランクリンのエクスプレス紙およびニューヨークのデイリー・トリビューン紙の最新記事の写し、アマースト大学の最新の年間目録と法規、今学期の祈祷案のコピー、スターンズ学長の論文「教養人」、1855年までの本学の歴史を含むスターンズ学長の就任式の挨拶および演説、現法人を尊重するという声明書、建物への寄付者、建築委員会および建築家と建築工事施行者の一覧

次にスターンズ学長は、演説の中で本学の目的を想起せよと呼び掛け、そこから導き出されると予想される恩恵を詳しく述べた。

行列は体育館を行進した後、村の教会に向かった。この教会には多くの人が集まり、中に入りきらないほどだった。そこでスターンズ学長が祈りを捧げた。

講演者ウィンジップ博士は、紹介に続き、「身体鍛錬」という演題で発表すると述べ、農芸展覧会と体育館竣工を祝うこの日の演目として、この主題は実にふさわしいと言った。そして、身体鍛錬は米国では著しく軽視されており、子供たちは教室に閉じこもって本を読んでいるだけで、これは幼くして墓場に入っていくようなものであり、商人は健康を無視し事業に没頭するあまり、麻痺状態に陥っている、と続けた。

体育の導入に対し多くの反対意見が発せられている。善行がどれもそうであるように、暴言を受けることは免れない。当初は悪意から参加する者が多くなりすぎないように、非公式に実施すべきである。ダンベル、移動バー等の簡単な用具は、どの世帯にもあるだろう。こうした運動は、身体が疲労困憊するほど長い時間続けてはならない。体を鍛えるのはすなわち心を鍛えることであり、また道徳心を高めると言われる。さらには逞しい革命家を育てることになる。ウィンジップ教授は、身体の鍛練により思考力を養い、徳性を高めることになるため、体を鍛えることで、人は文学を愛するようになり、「王の神権」説と戦うことになる、と力説した。

米国で最初に体育教育を始めたのは、地質学者（現歴史家）ジョージ・バン

クロフトの学校だった。しかしギリシャやローマのように、体育の時間が設けられることはなかったため、米国には根づかなかった。

この講演者は、ハーバード大学に入学してから体を鍛え始めた。彼はリフティングを専門とし、そのため身体の隅々まで鍛え上げることができた。そのことを彼が認識したのは、ごく最近のことだった。最初は500ポンドしか持ち上げられなかったが、鍛錬を積んだ結果、今は1,032ポンドまで持ち上げることができる。手で800ポンド以上持ち上げた人物についての信頼できる記録は見当たらない。それができたとされるのは、英国人トップハムと「ベルギーの巨人」のみで、前者は体重200ポンド、後者は300ポンドだった。（記事の文字判別不能）強靭さを競う試合では、ごまかしが非常に多い。ダンベルを使った運動が大いに奨励された。また吊環、高跳び用の棒、平行棒についても同様だった。この講演者は毎日30分から１時間練習を行い、毎回特定の筋肉群を鍛えることを目標にしていた。

講演は約１時間続いた。彼の雄弁な語りに観客席は大いに盛り上がった。この講演者は着替えるためにいったん退場した。彼が力技を披露しに再び登場するまでの間、クラーク教授が観客に逸話を語ったり即興のスピーチをしたりして、会場は引き続き陽気なムードに包まれた。

この講演者は、900ポンド強のひとまとまりの釘を持ち上げ、小指だけで腕立て伏せを行ない（これは最高難度の試み）、梯子から横向きの姿勢で体を投げ出し、上下にゆっくり体を揺する、小麦1樽を肩に載せて持ち上げる、両手で交互にロープを掴んで教会の天井まで登り、それからゆっくりと踏み台まで降りる、といった離れ業を披露した。

どの妙技もうまくいき、観客全員を驚かせ、魅了した。

この式の演奏はモンタギュー楽団が担当した。

この講演者は、新学期にこの科目の講義に専念する予定である。この会に出席していた講義委員会には、今後も彼の起用を検討してもらいたい。

G・A・リーランド関連資料

筆者がアメリカの首都・ワシントンD.C.にある〈アメリカ議会図書館〉と〈アメリカ国立公文書館〉などを訪れて探索した結果、見つけることのできた、G・A・リーランドに関する稀少な資料を掲示する。

DR G. A. LELAND DEAD, NOTED SPECIALIST

Funeral Tomorrow at His Commonwealth-Av Home

Dr George Adams Leland, internationally known as a specialist on the ear, nose and throat, died yesterday at the Phillips House, Massachusetts General Hospital. Dr Leland's funeral will be held tomorrow at noon at his home, 354 Commonwealth av.

A son of Joseph D. and Mary P. (Adams) Leland, he was born in Boston on Sept 7, 1850. In 1874 he was graduated from Amherst, and four years later received his degree from the Harvard Medical School. He was house officer at the Boston City Hospital during 1877 and 1878, and for the next three years taught physical culture and hygiene in Tokio, Japan, under the auspices of the imperial education department.

After 1887 Dr Leland began to specialize in diseases of the ear, nose and throat, becoming an instructor at the Boston polyclinic, then professor at the Dartmouth Medical School, as well as visiting surgeon at the City Hospital.

For several years he was a member of the International Otological Congress, and attended the 17th International Medical Congress in 1913. He was also a member of the American Academy of Medicine, of the American Medical Association and of the American Laryngological Association, of which he was president for two years.

He belonged to the Massachusetts Medical Library Association, and was an honorary fellow of the American Academy of Dental Science. He was a member of the University Club of Boston, of the Alpha Delta Phi of New York, and of the Royal Societies of London, Eng.

In 1878 Dr Leland married Miss Alice P. Higgins of Boston. Besides his widow, he is survived by a son, a daughter and five sisters, one of them the wife of George D. Olds, president of Amherst College.

Dr Leland's son, Dr George Adams Leland Jr, is also a throat specialist.

リーランドの死去を報じる、1924年３月18日付のボストン・デイリー・グローブ紙（アメリカ議会図書館蔵）

FUNERAL SERVICES FOR DR GEORGE ADAMS LELAND

Funeral services for Dr George Adams Leland were held yesterday afternoon at his home, 354 Commonwealth av. Rev Richard T Loring of the Episcopal Church of Newtonville conducted the services. Burial was in Walnut Hill Cemetery, Brookline. Dr Leland was in his 74th year. He is survived by his wife, one daughter Signorina Cosano of Italy, and one son, Dr George A Leland of Boston.

リーランドの葬儀について報じる、1924年３月20日付のボストン・デイリー・グローブ紙（アメリカ議会図書館蔵）

体操伝習所体操場関連資料

体操伝習所および体操伝習所体操場設立時の様子を、うかがい知ることができる図版は極めて少ない。ここでは、数少ない当時の写真に加え、伝習所の敷地内配置図や所内見取り図、さらに当時の周辺の地図を掲示した。

G・A・リーランド博士の監督により建設された体操伝習所体操場の外観写真。「アマースト方式による体育教育の日本への移植」と説明が記されている（アマースト大学蔵）

体操伝習所体操場の内観写真。屋内には、吊環や平行棒、亜鈴、球竿、木馬などが置かれている（アマースト大学蔵）

今村嘉雄著『日本体育史』（1951年、金子書房）によると、体操伝習所体操場は東京高等師範学校附属小学校が大塚へ移転した際に移築され、附属小学校の講堂として使われたが、その後、太平洋戦争中に廃棄されたとされる（中島海著『小学校に於ける体操科指導の革新』〈1929年、郁文書院〉口絵より）

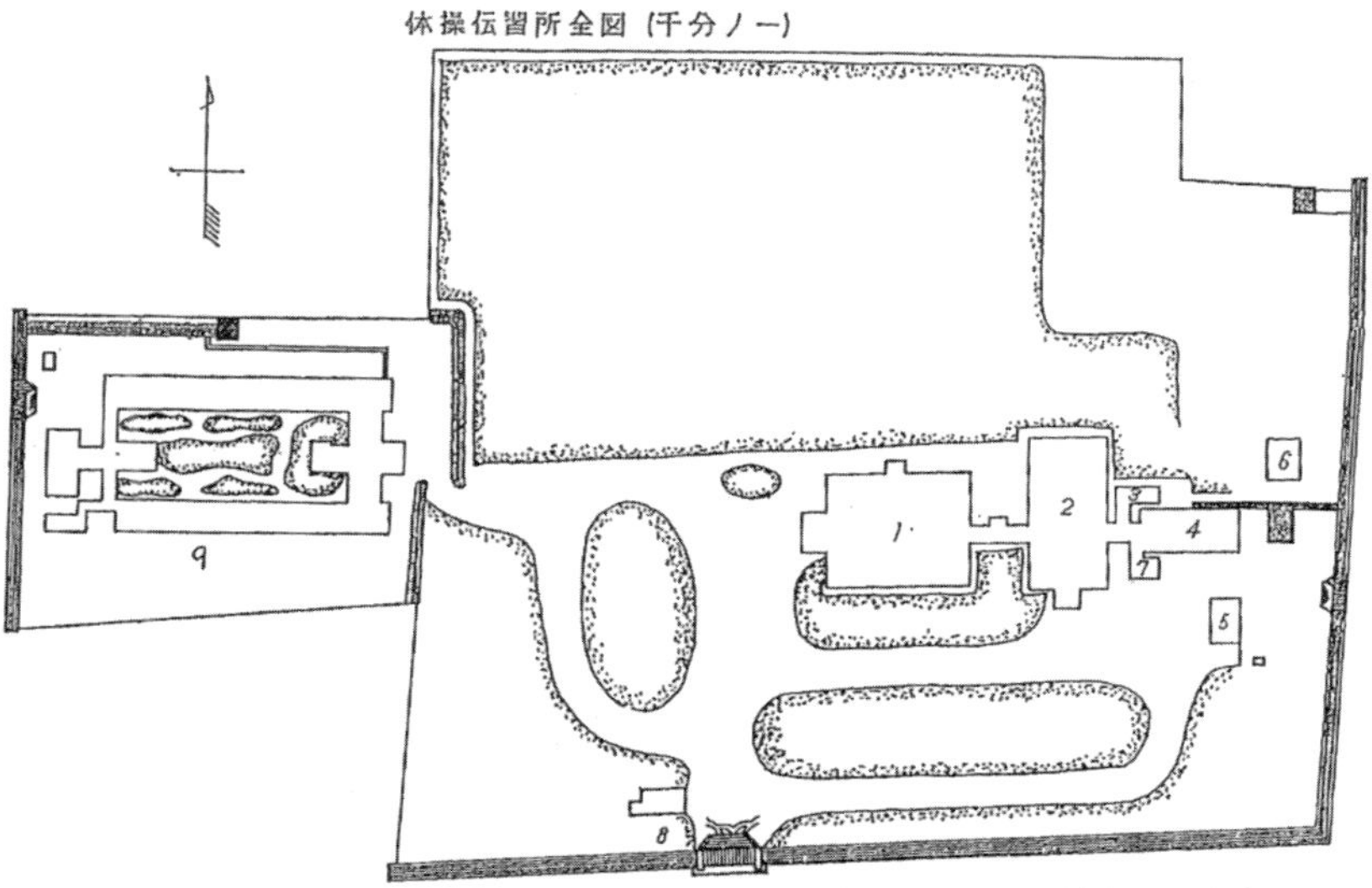

体操伝習所敷地内の施設配置図。1は体操教場、2は事務所・教場・応接室・図書室など、3は便所、4は浴室、5-6は物置、7は小使部屋、8は門衛、9は寄宿舎（『体操伝習所一覧』〈1884−1885年、体操伝習所〉より）

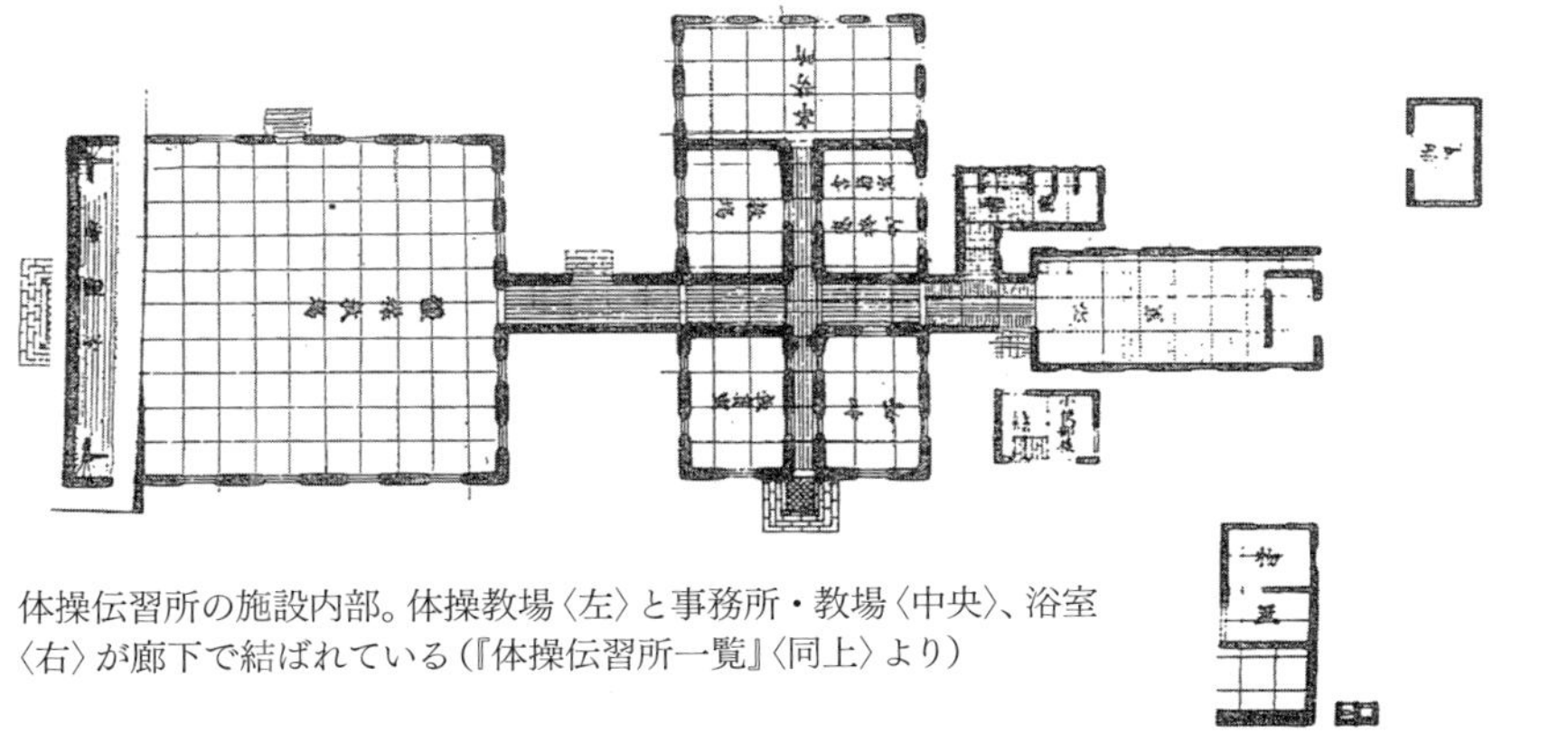

体操伝習所の施設内部。体操教場〈左〉と事務所・教場〈中央〉、浴室〈右〉が廊下で結ばれている（『体操伝習所一覧』〈同上〉より）

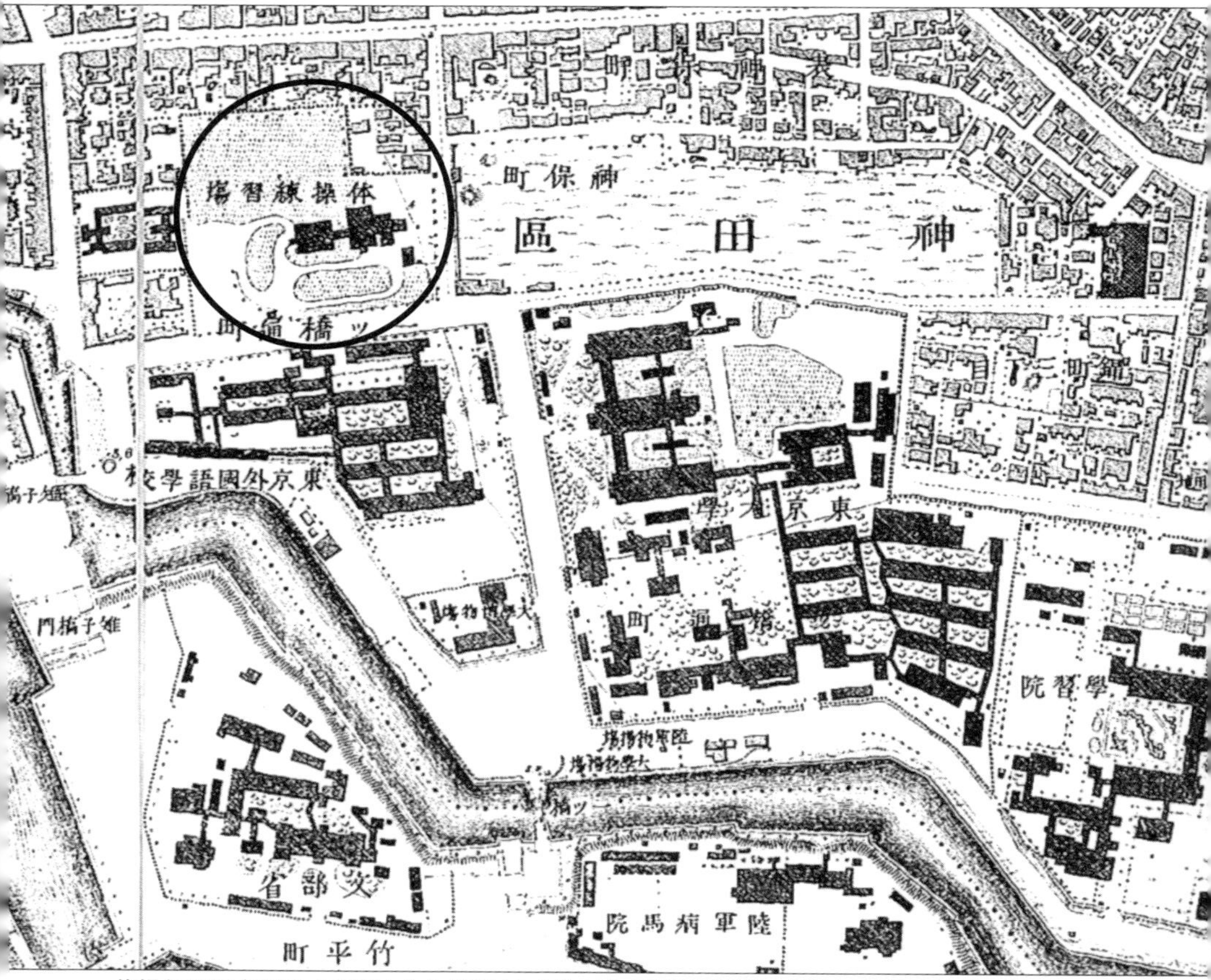

体操伝習所（円内）が記載された地図（５千分１東京測量図参謀本部陸軍部測量局地図「東京中部」、明治16年測量）。周辺は、文部省をはじめ東京大学、東京外国語学校（のちの一橋大学）、学習院が建ち並ぶ文教地区だった

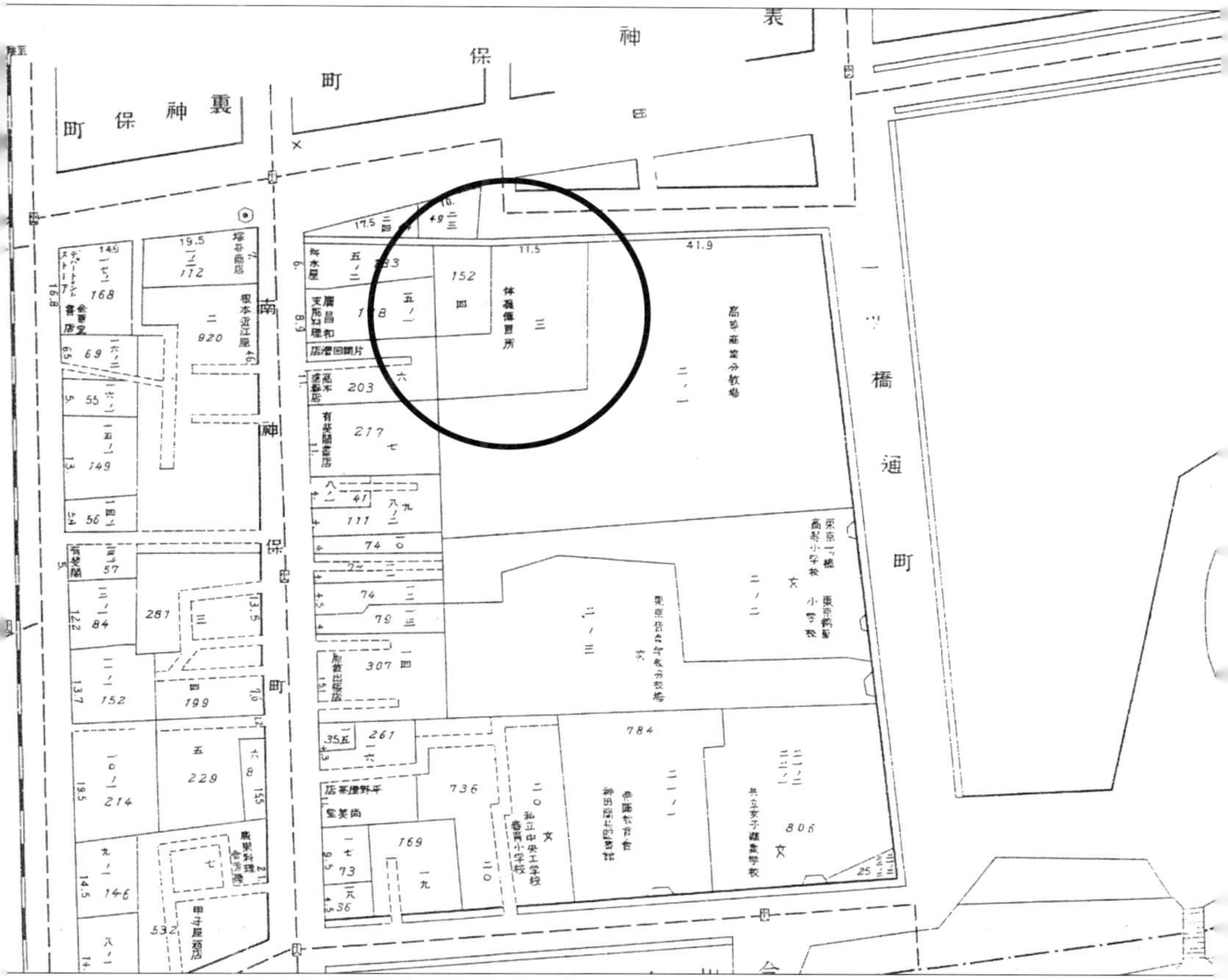

大正元年発行の『東京市及接続郡部地籍地図』(東京市区調査会)に記載された体操伝習所(円内)。周囲には高等商業学校(のちの一橋大学)や東京音楽学校(のちの東京芸術大学)、共立女子職業学校(のちの共立女子学園)などがあった(『地籍台帳・地籍地図「東京」第5巻』〈1989年、柏書房〉より)

体操伝習所体操場の各種設計図

京都大学大学文書館で著者が発見した『體操場新営参考書類』には、大阪中学校体操場建設の際に伝習所から入手した、体操伝習所体操場の設計仕様書が含まれていた。その中から、ここでは設計図や体操器械図面を掲示する。

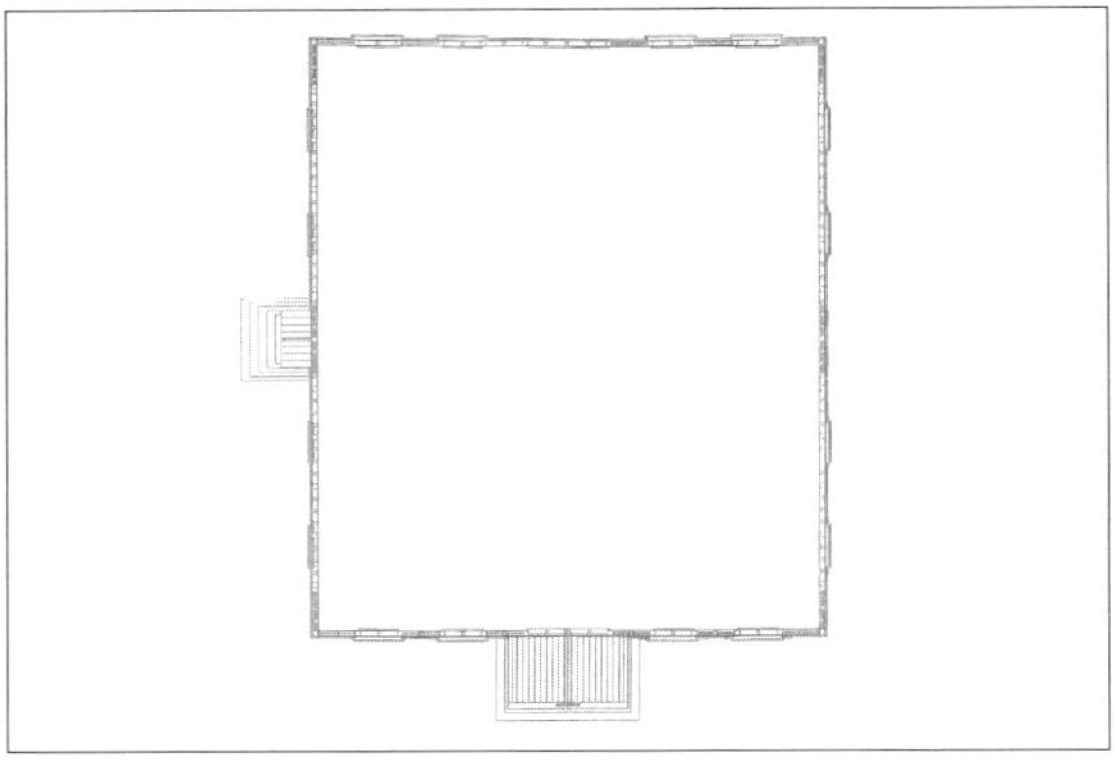

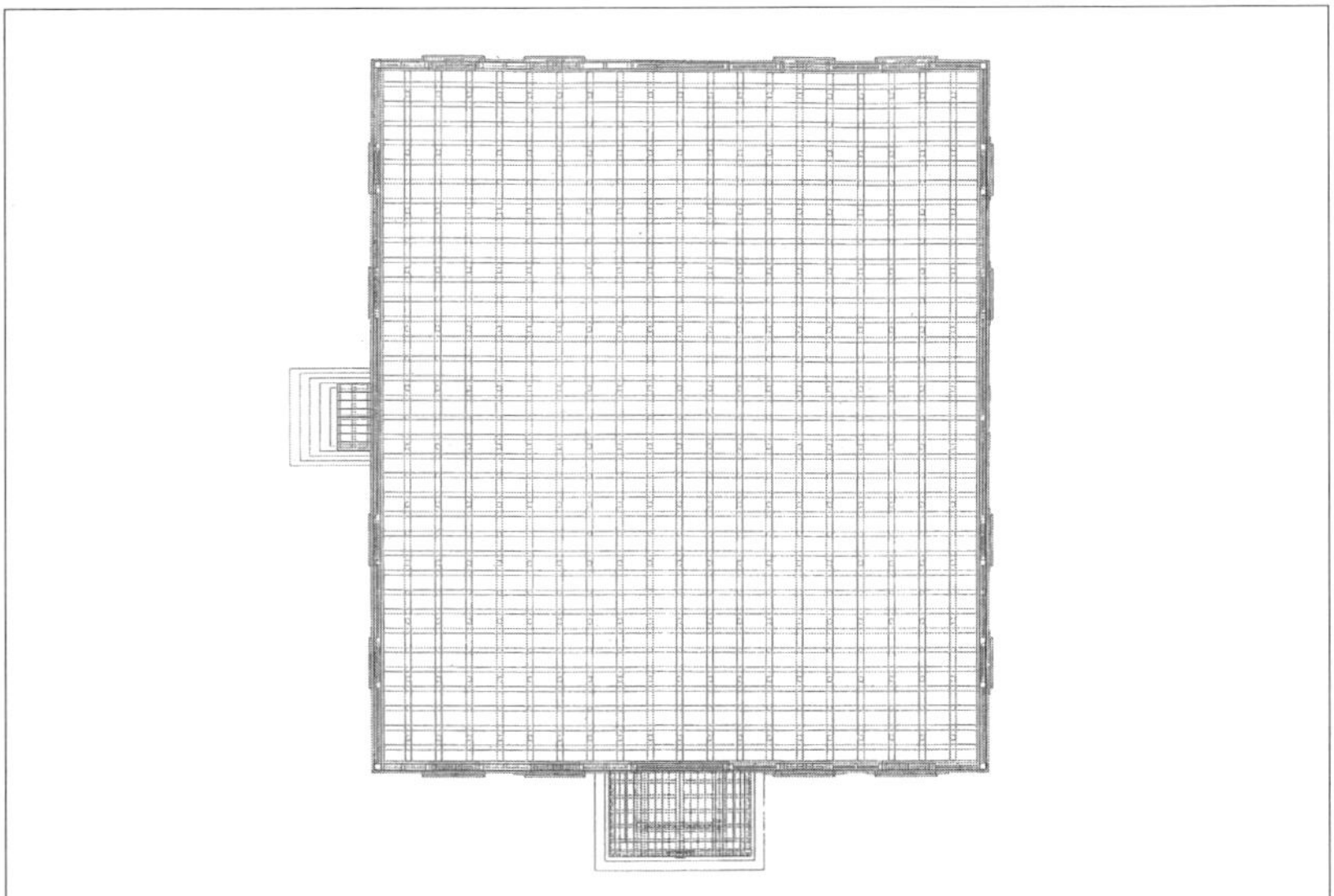

01 体操伝習所体操場 平面図 1／100

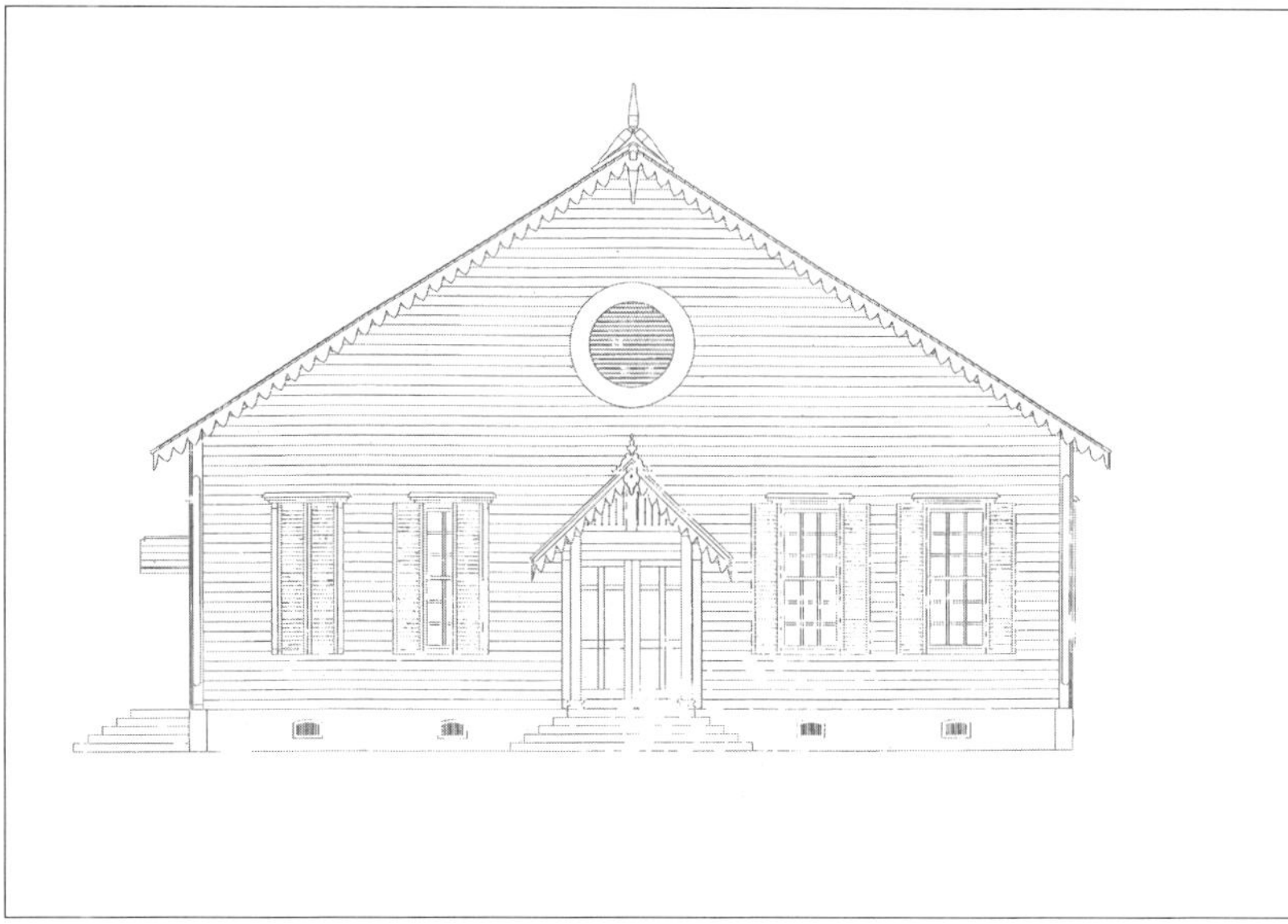

02 体操伝習所体操場 平面図 1／100

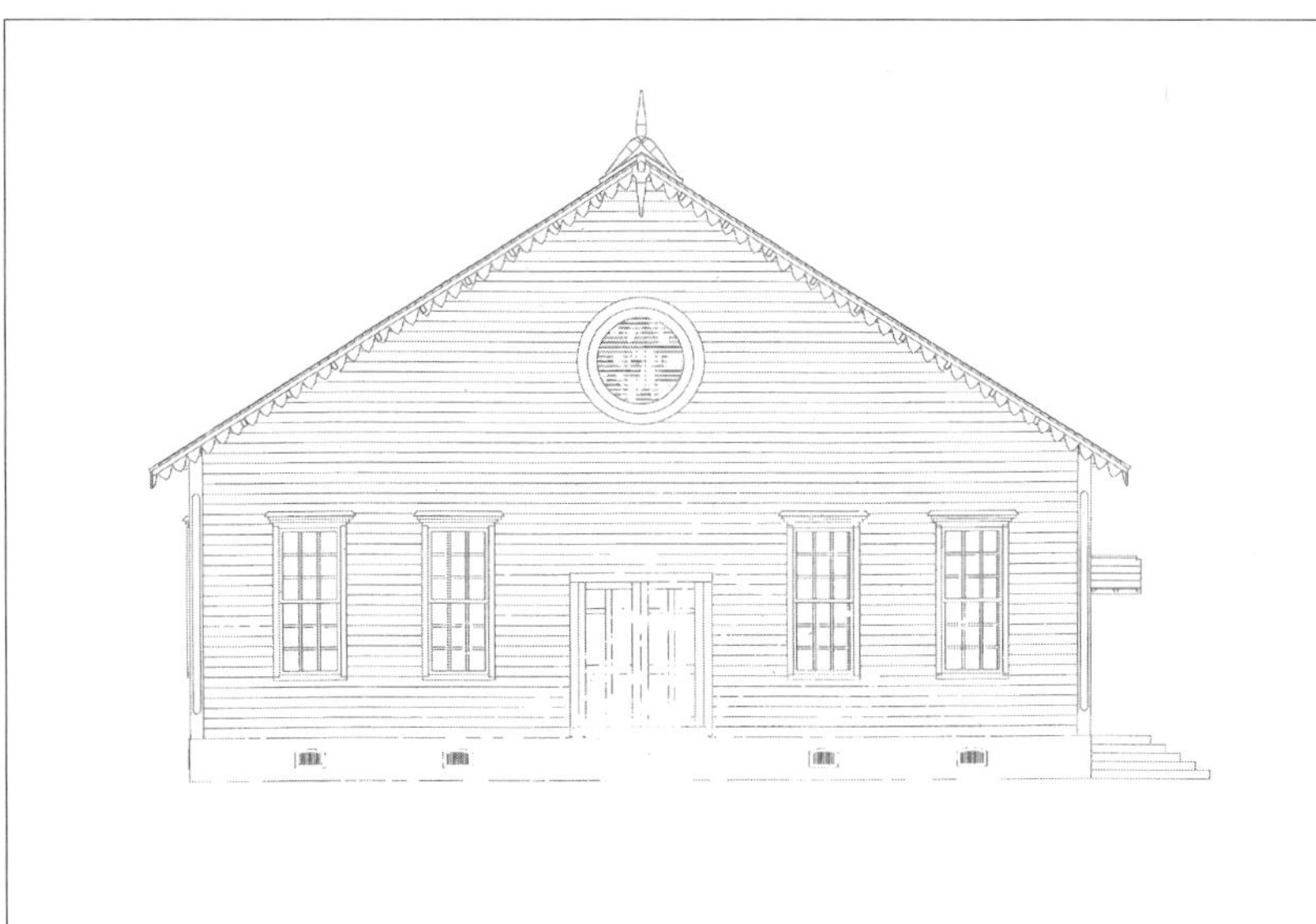

03 体操伝習所体操場 平面図 1／100（接続部省略）

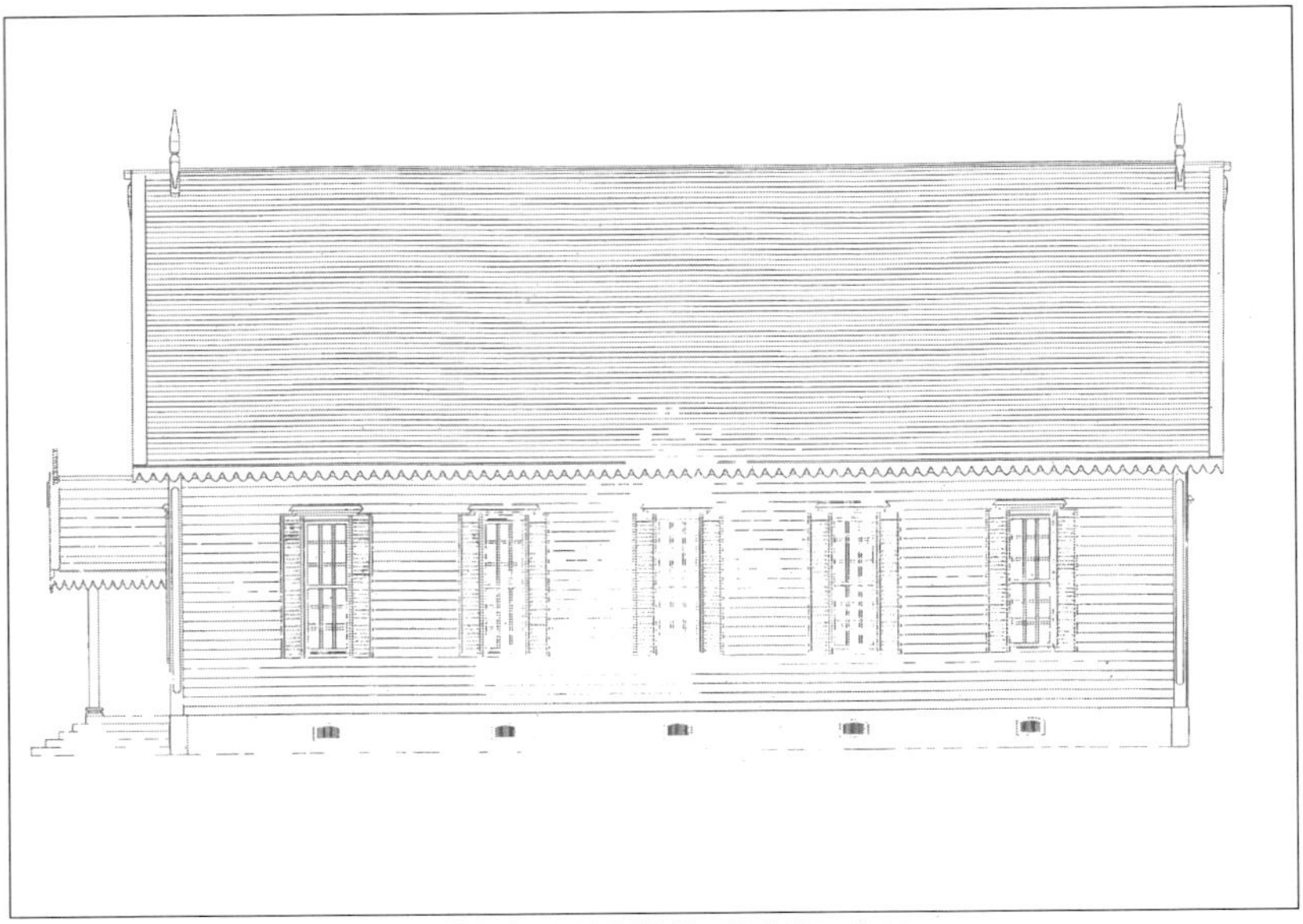

04 体操伝習所体操場 平面図 1／100

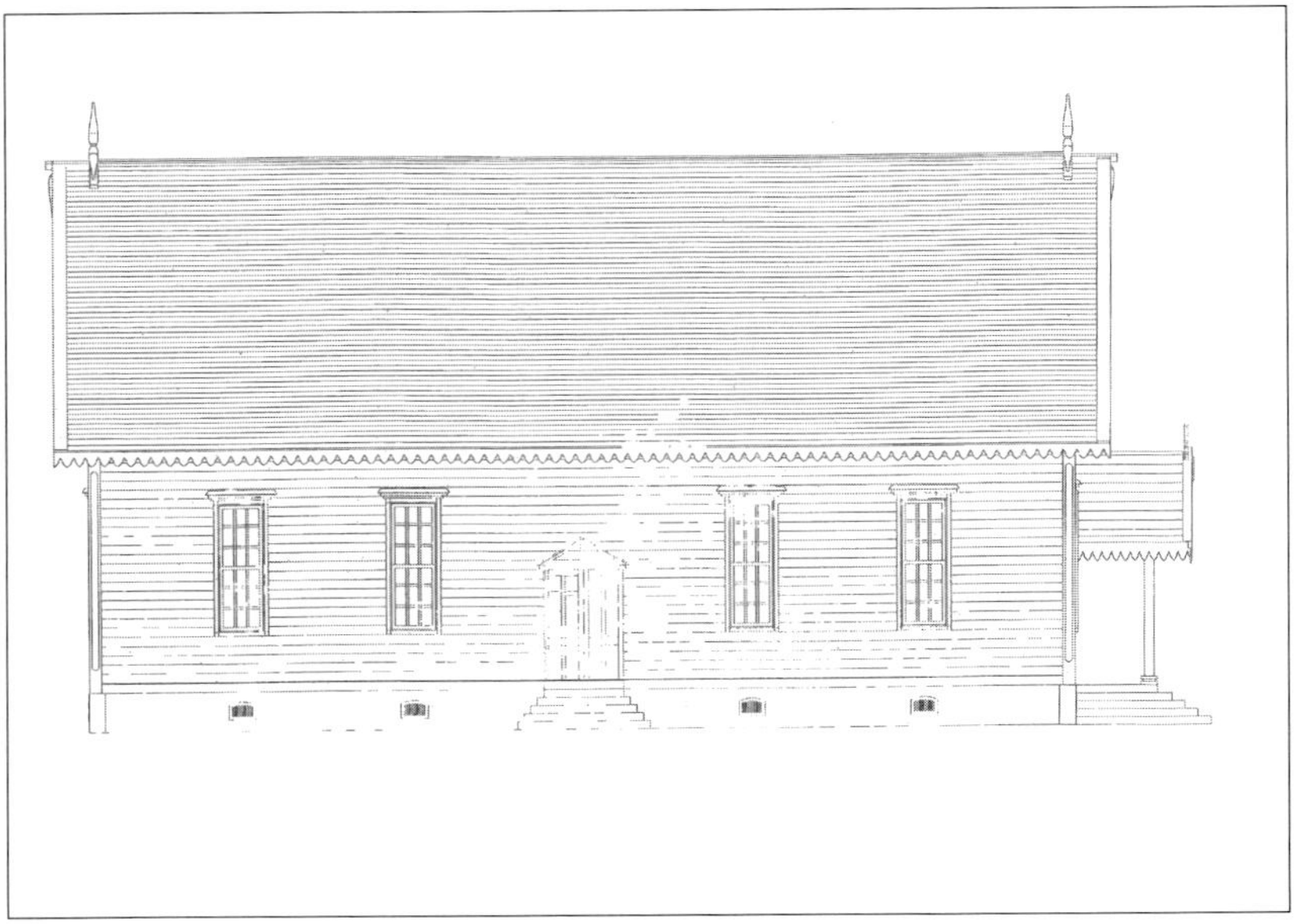

05 体操伝習所体操場 平面図 1／100

体操伝習所体操場No. 1 破風・棟飾

体操伝習所体操場No. 2 破風・棟飾

体操伝習所体操場No. 3 梁面方向立面図

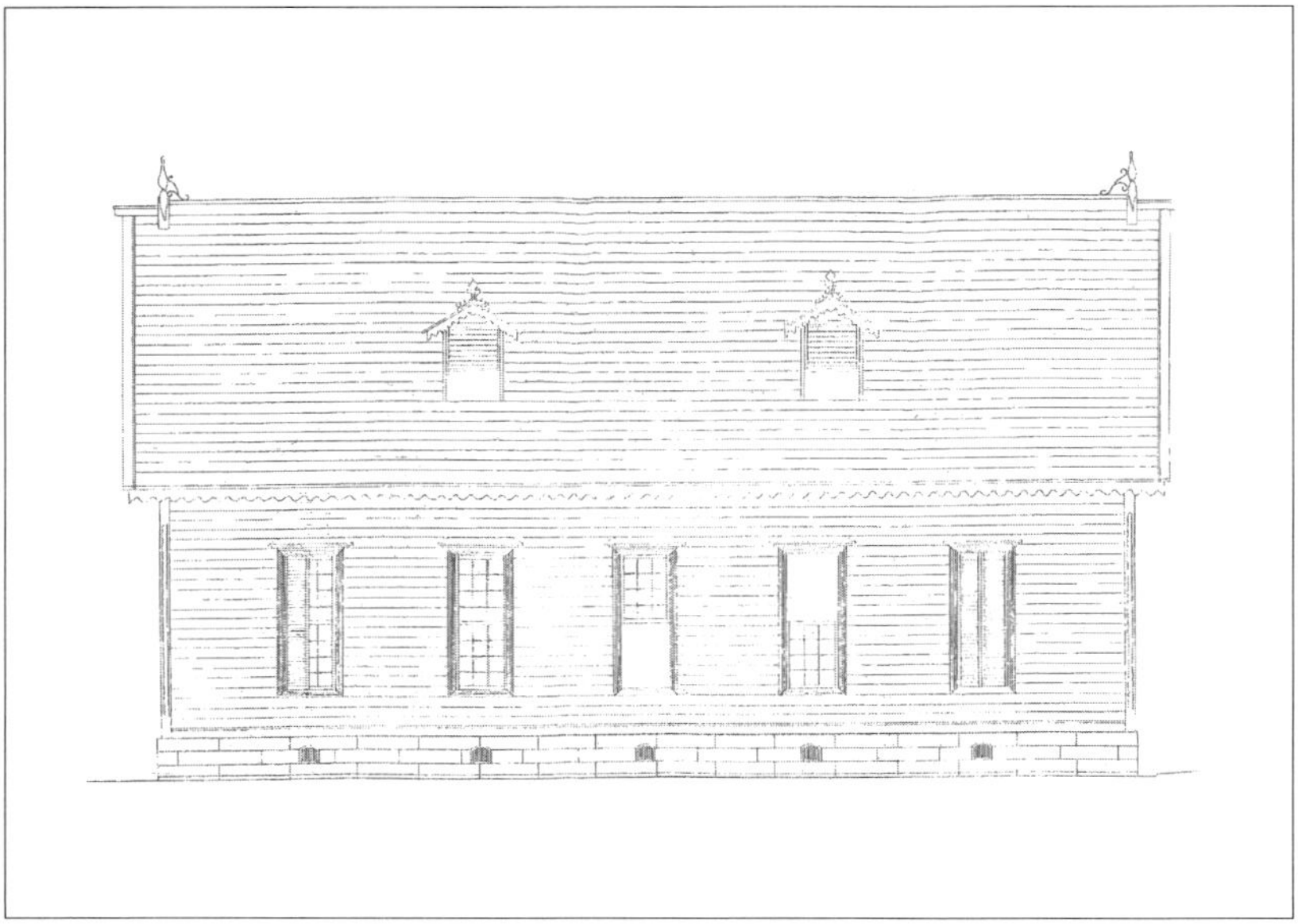

体操伝習所体操場No. 4 桁行方向立面図

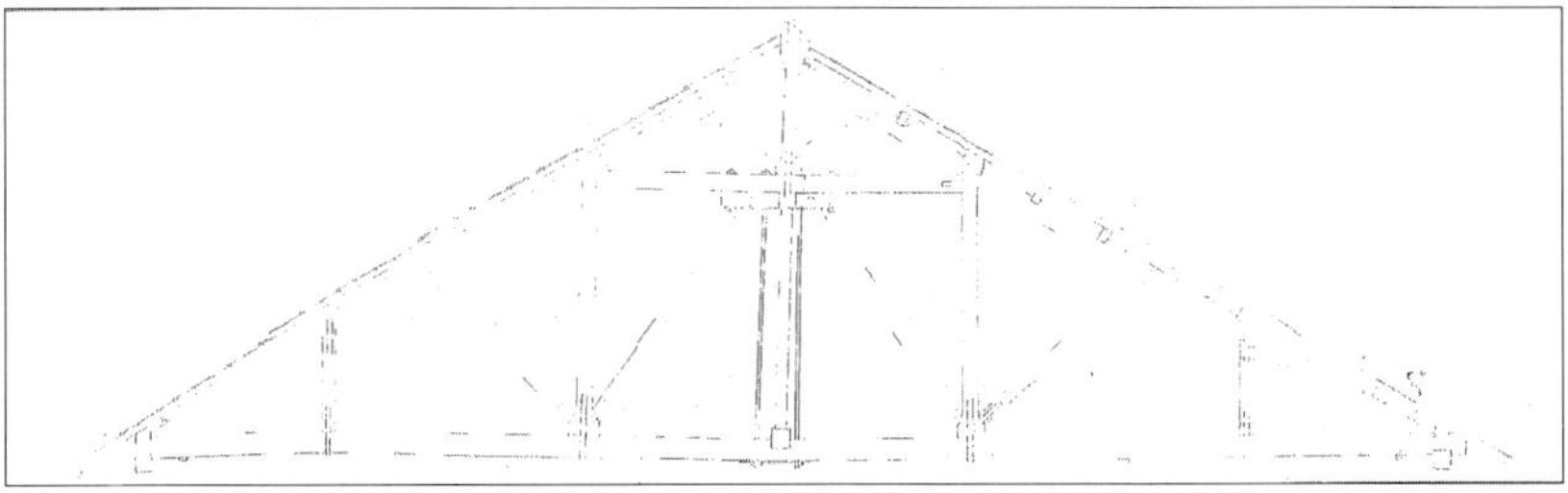

体操伝習所体操場 No. 5 梁間方向 妻面 小屋組断面図

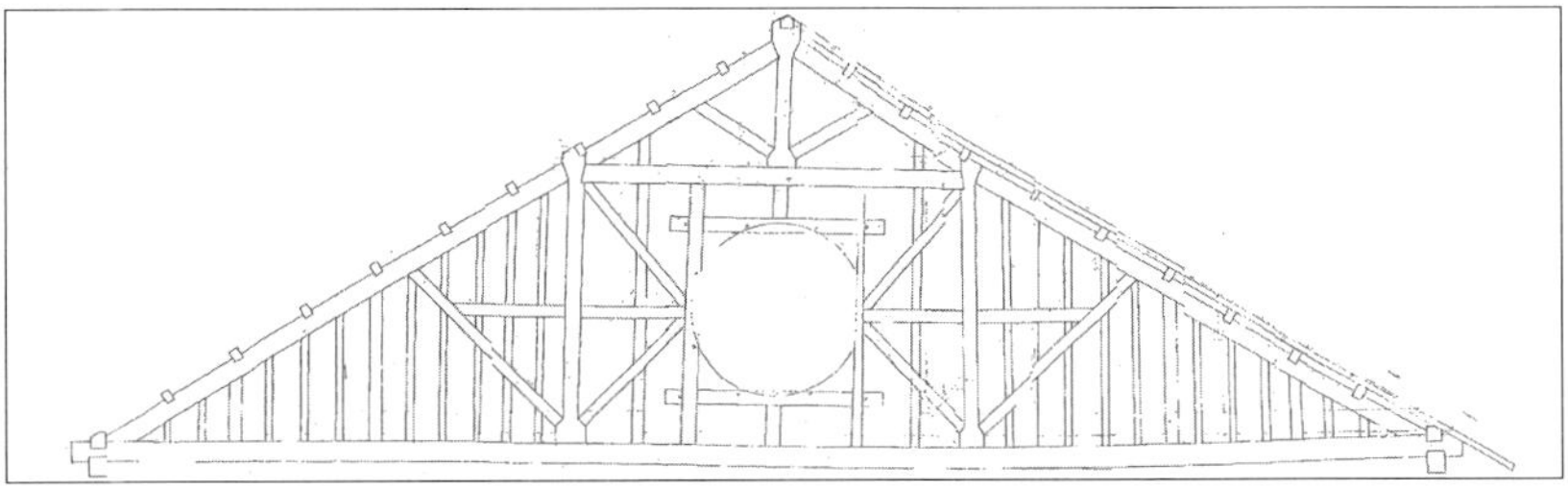

体操伝習所体操場 No. 6 梁間方向 小屋組断面図

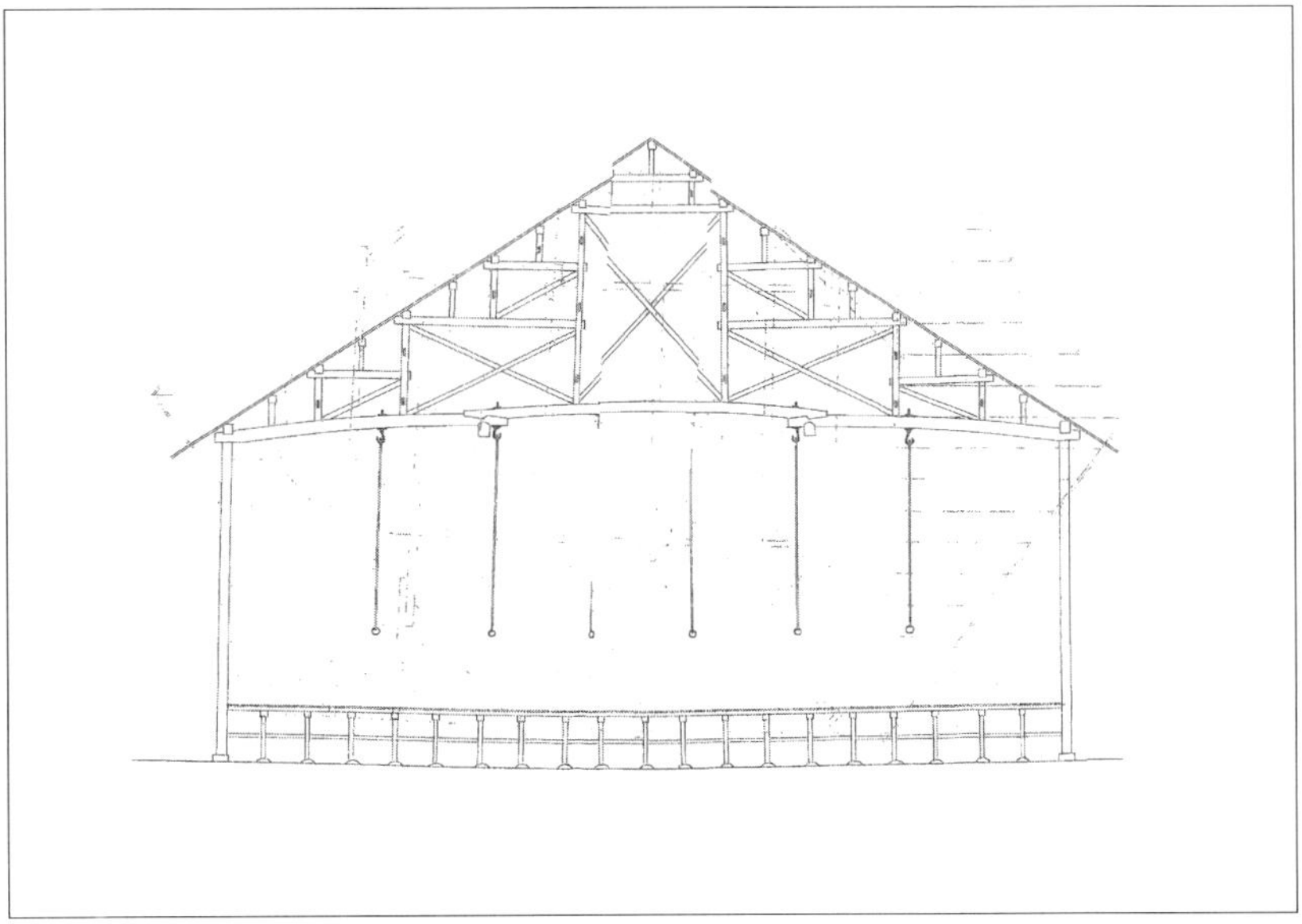

体操伝習所体操場 No. 7 梁間方向断面図

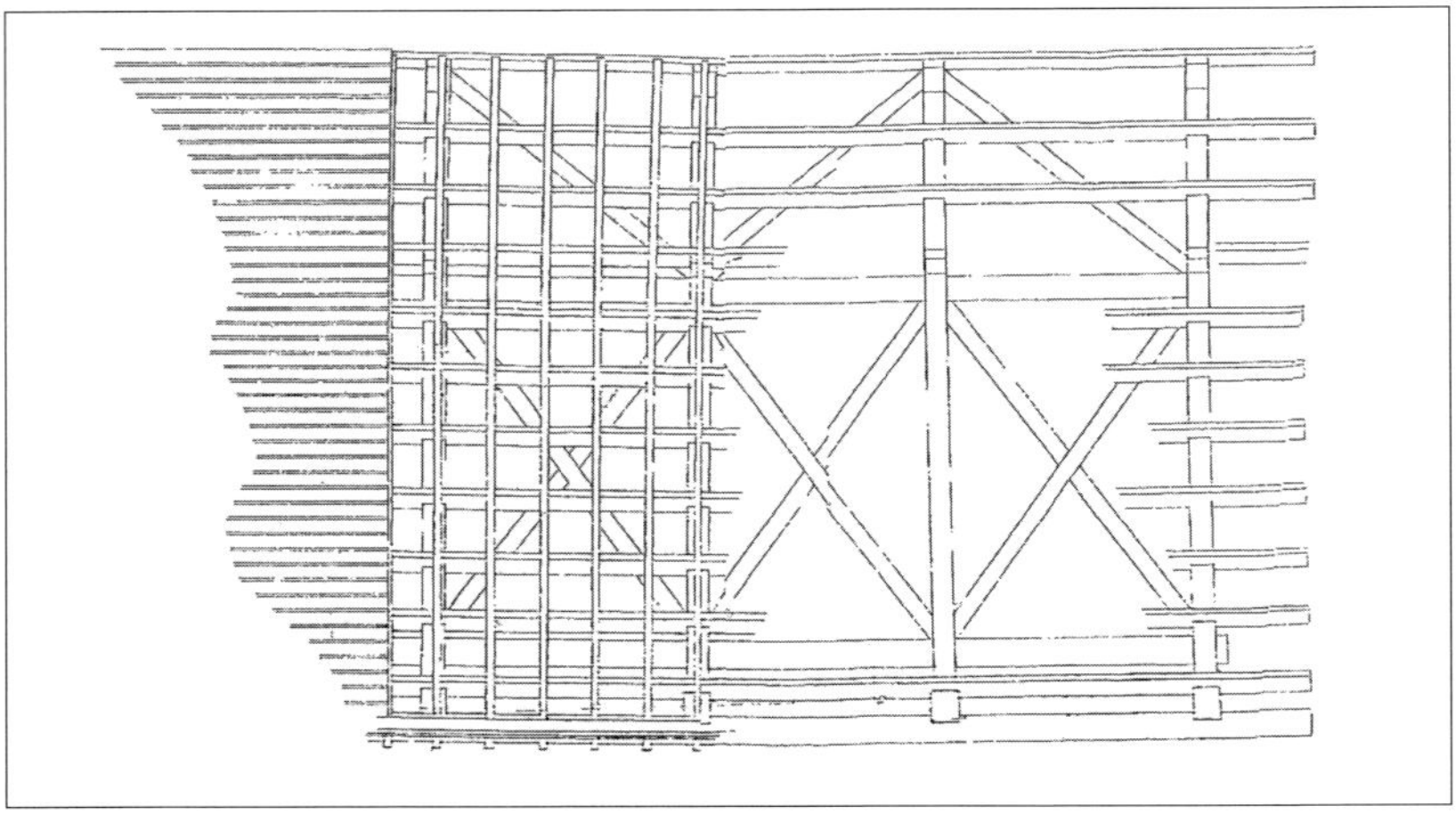

体操伝習所体操場 No. 8 桁行方向 小屋組断面図

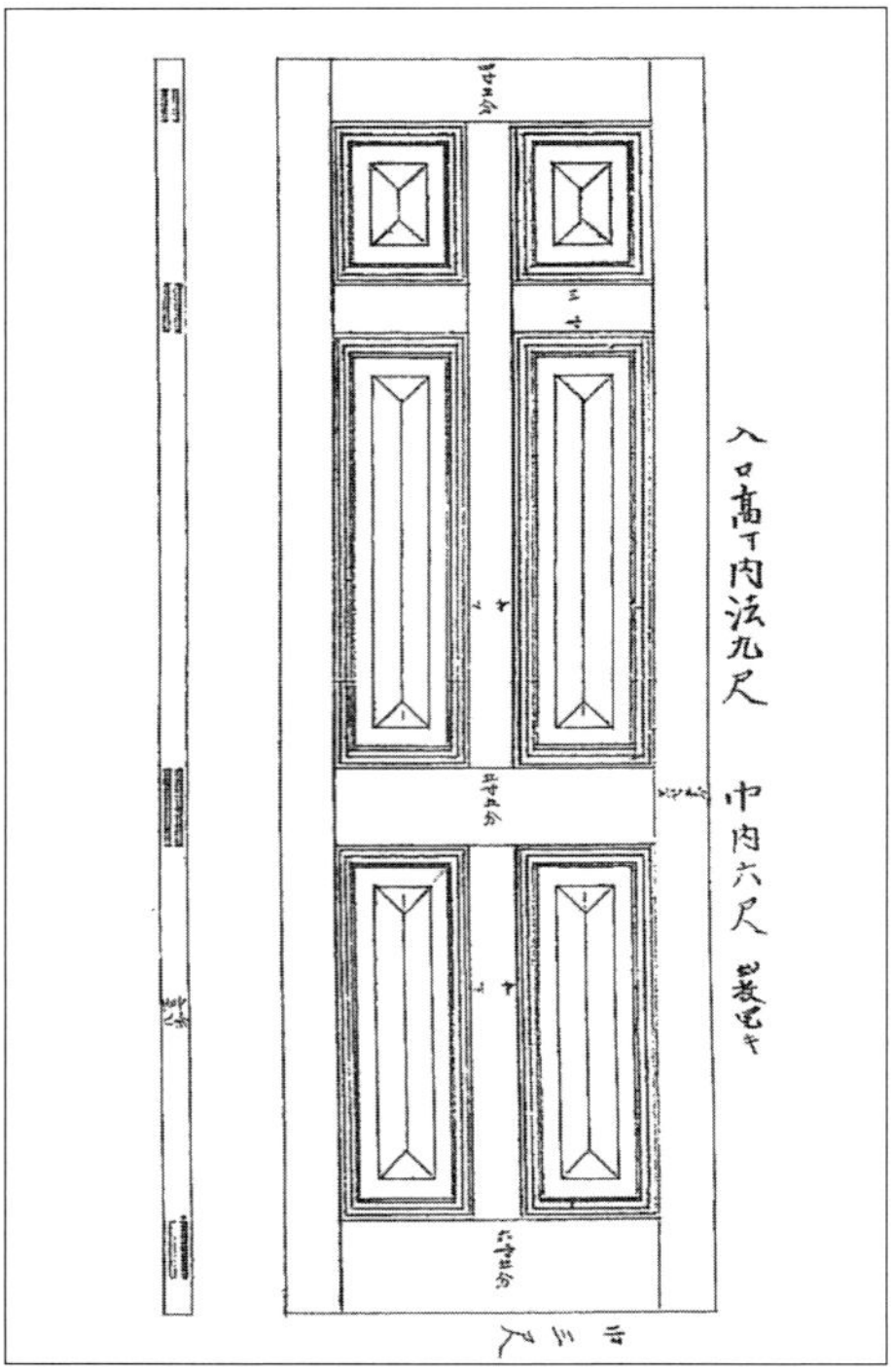

体操伝習所体操場 No. 9 扉図

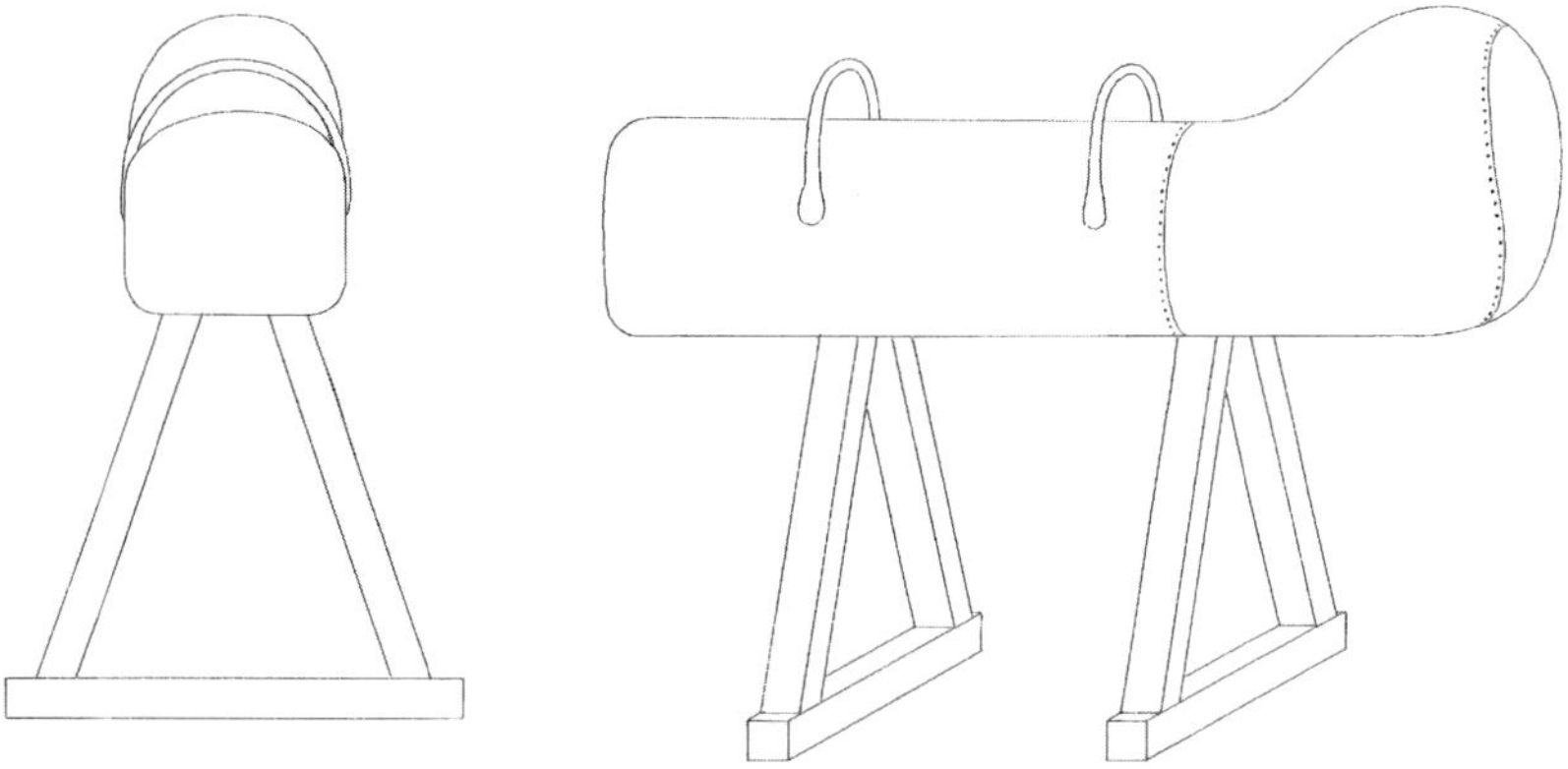

木　馬

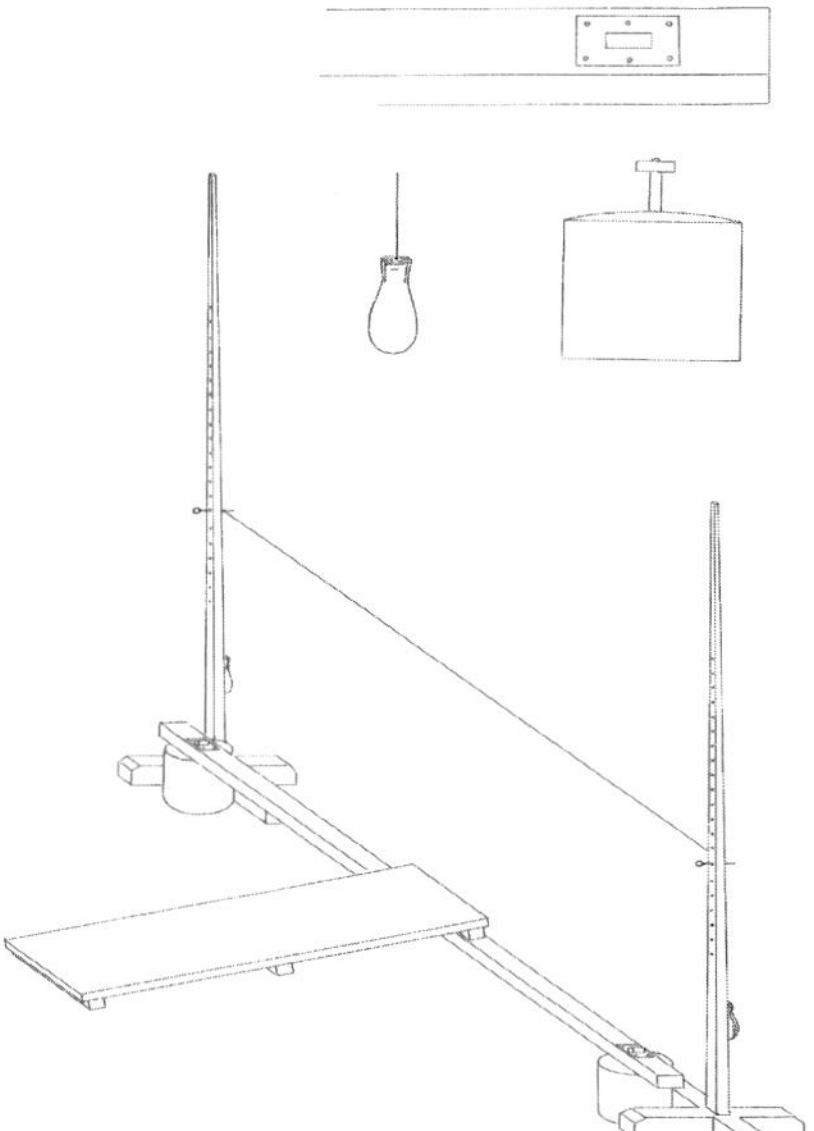

高跳台及び跳躍板

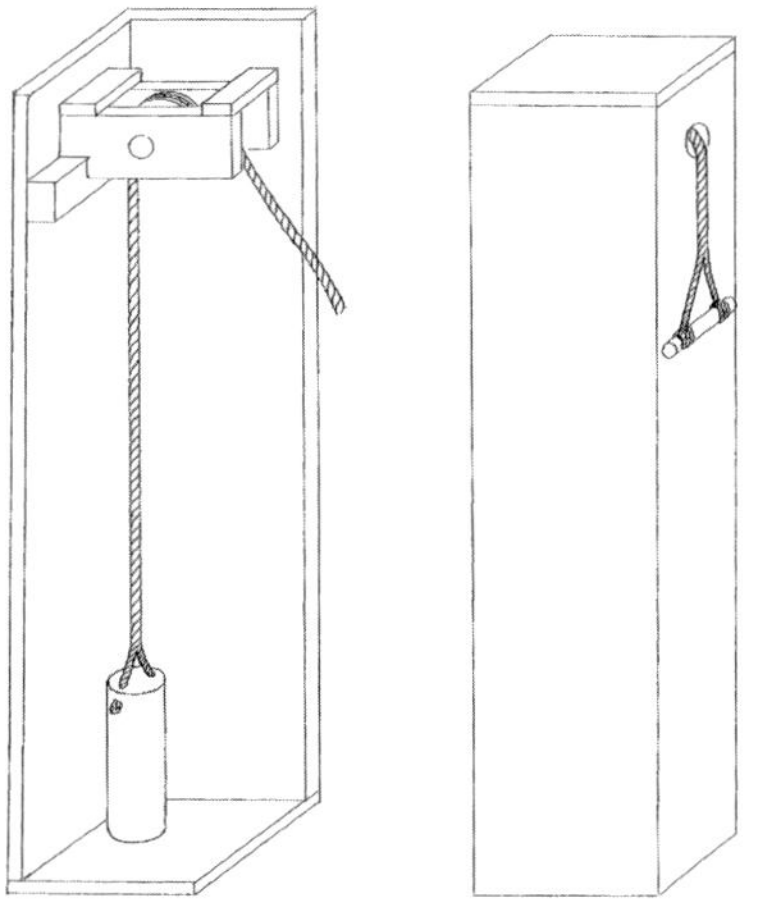

強腕器

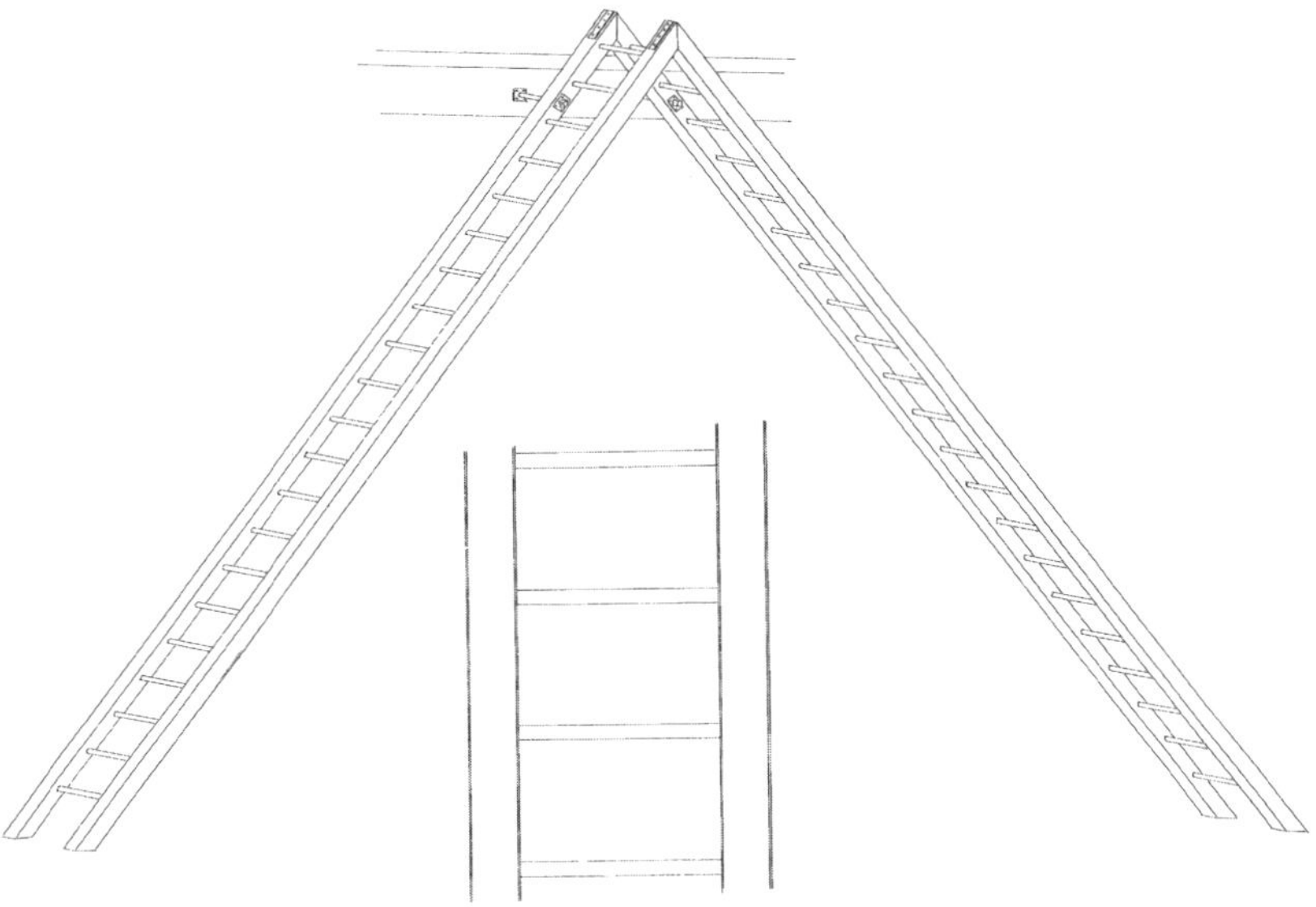

斜　梯

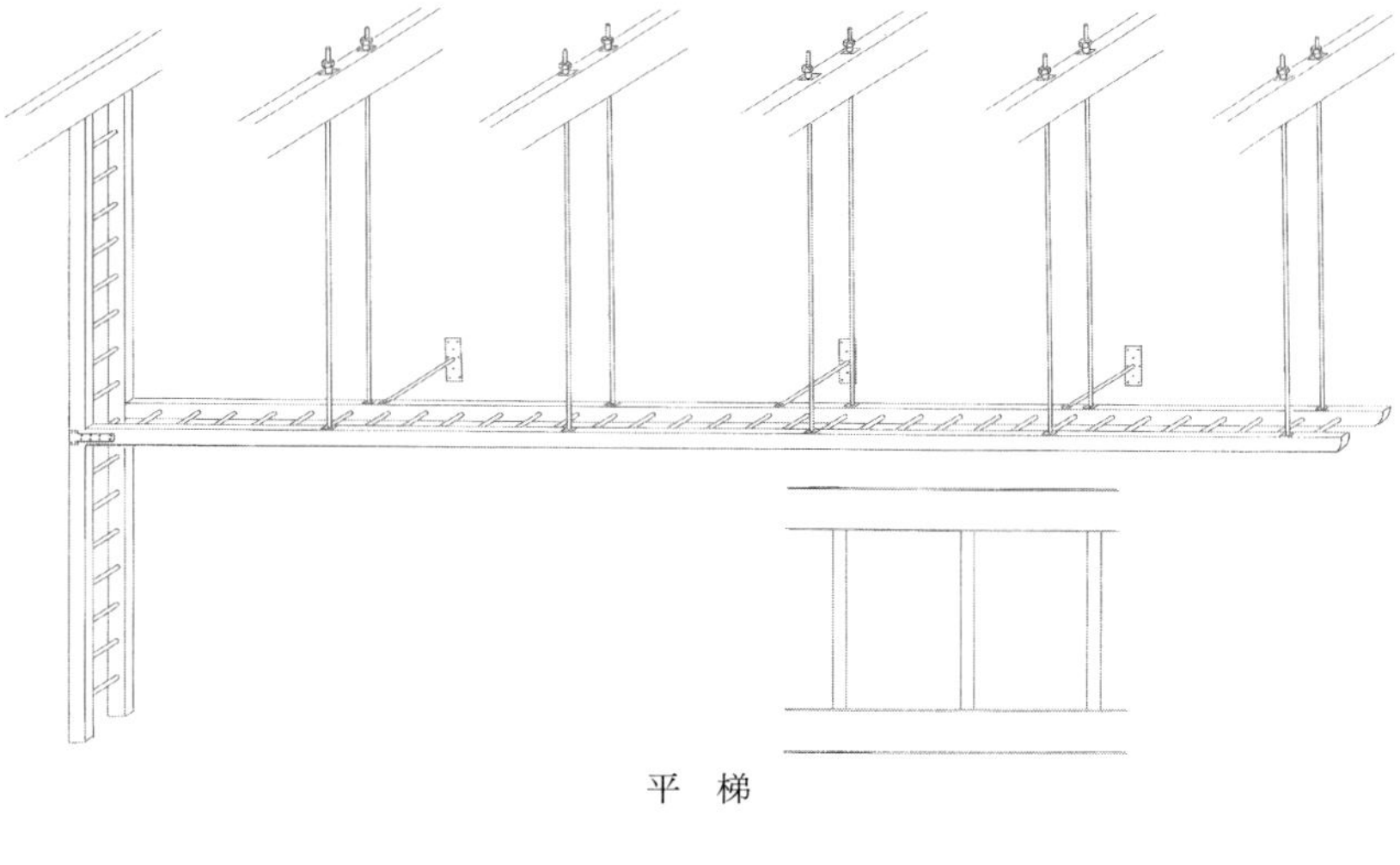

平　梯

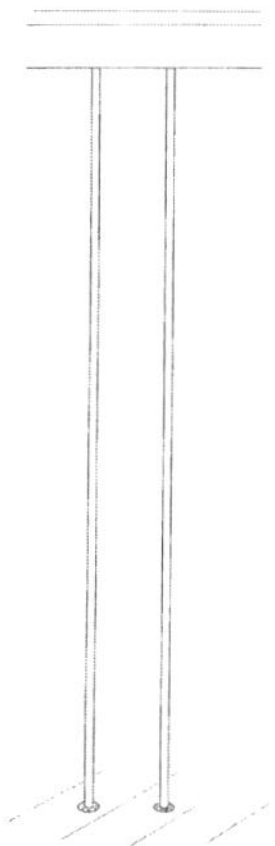

吊　棒

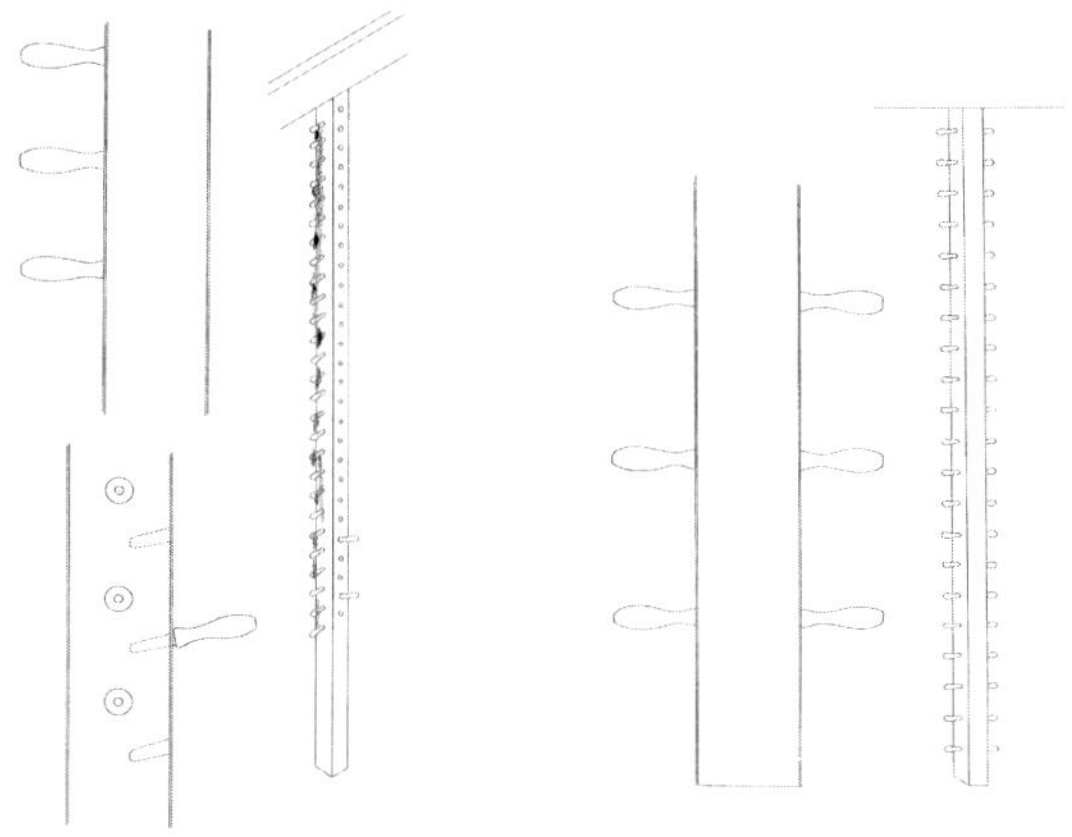

栓　梯

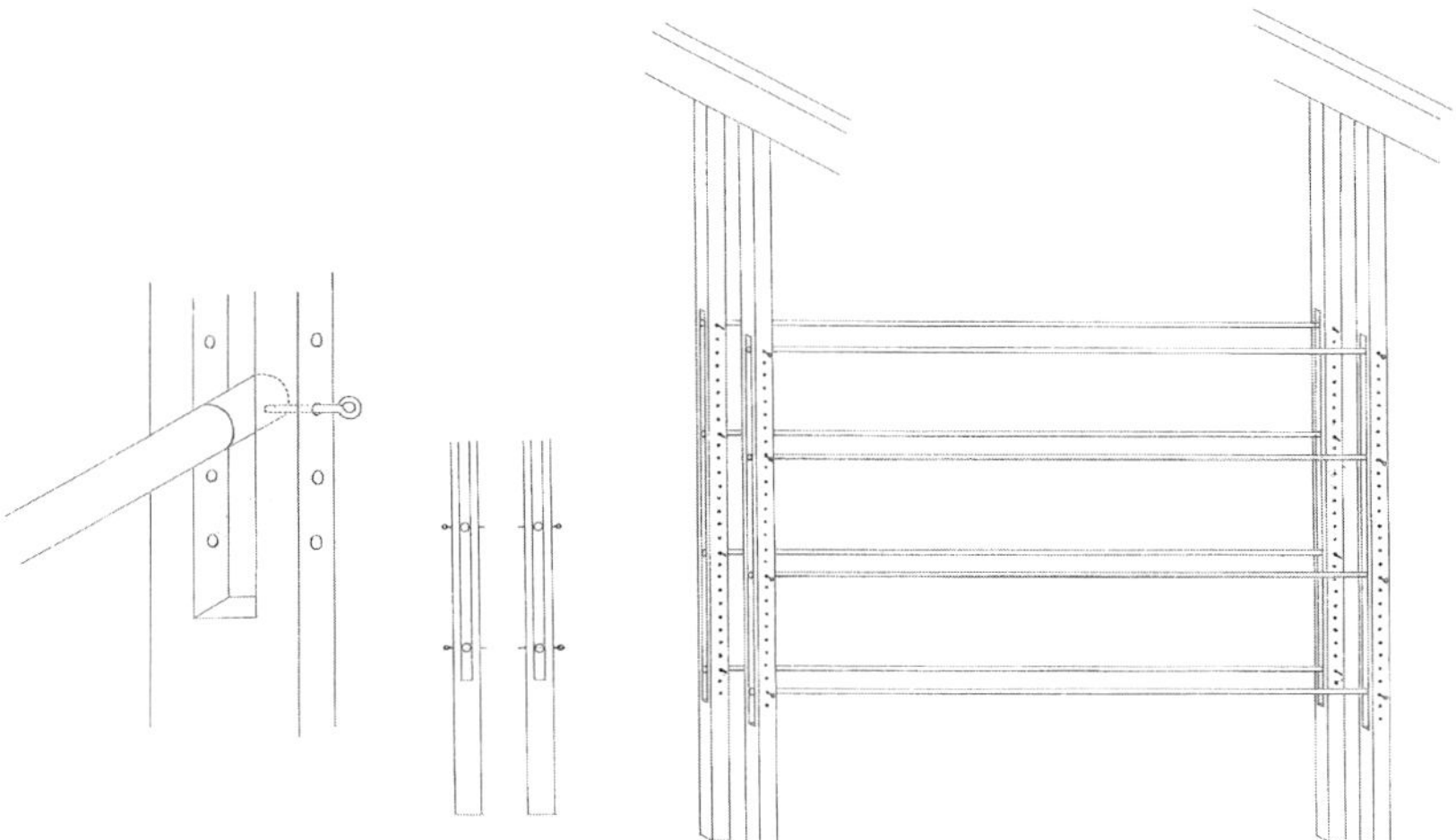

水平桿

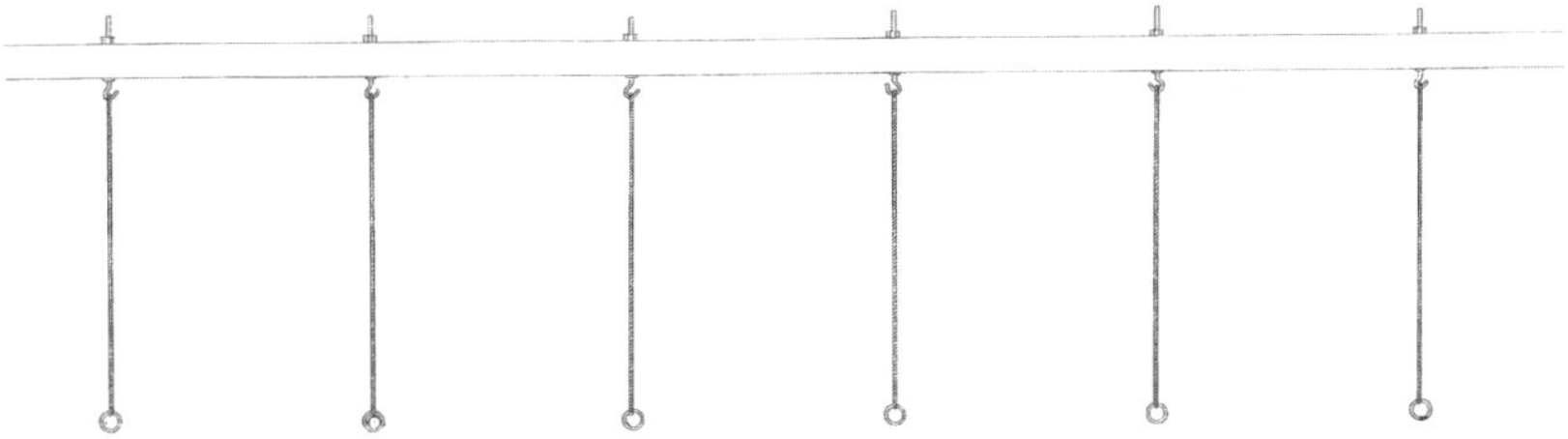

吊　鐶

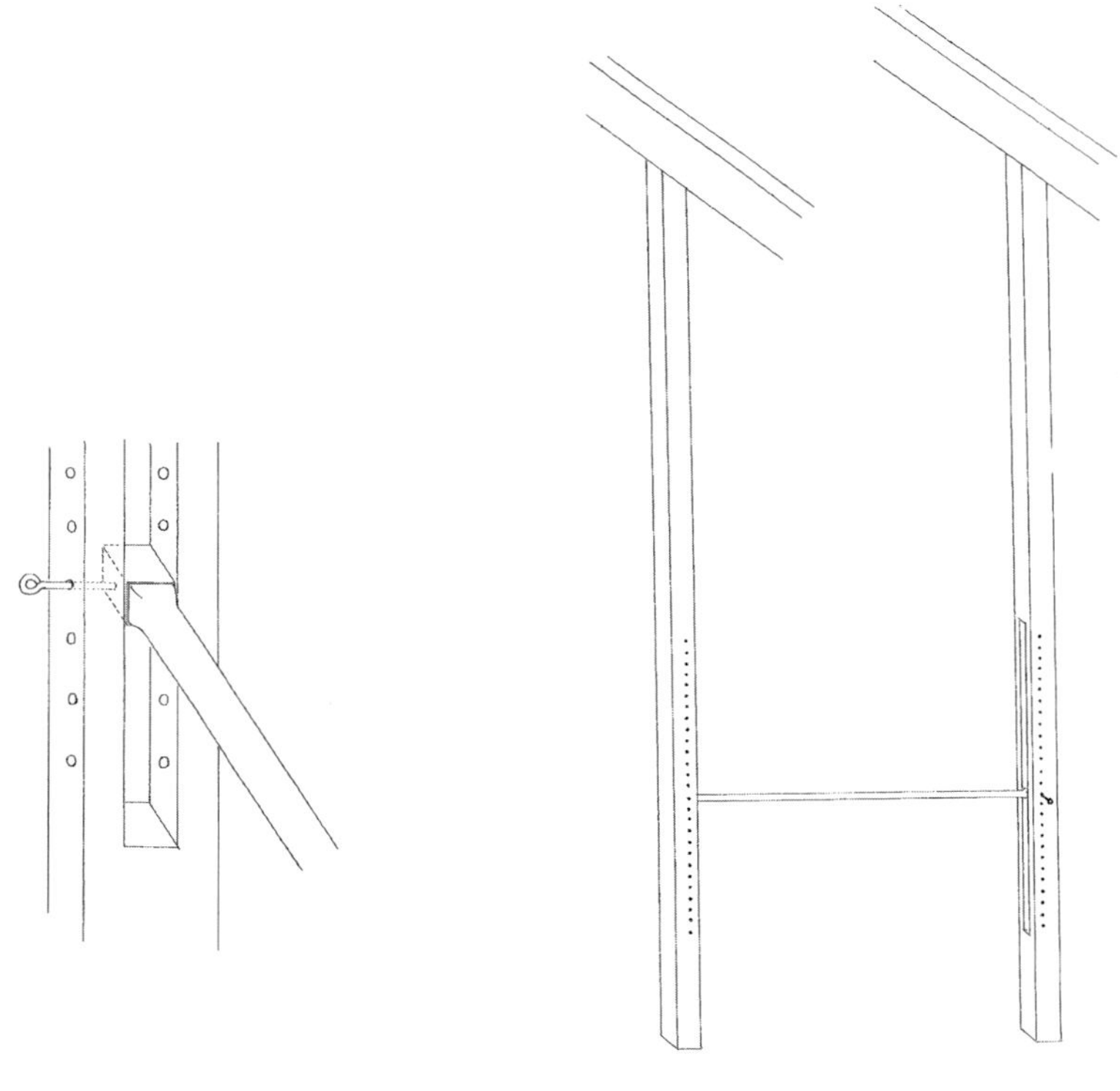

直立桿

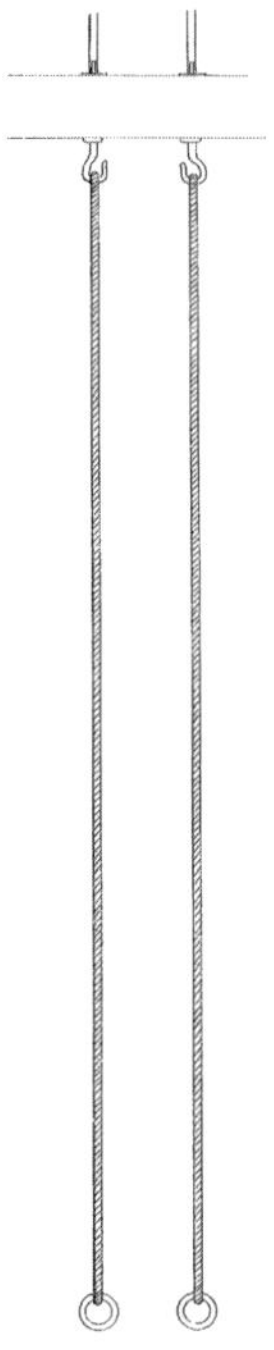

吊　鐶

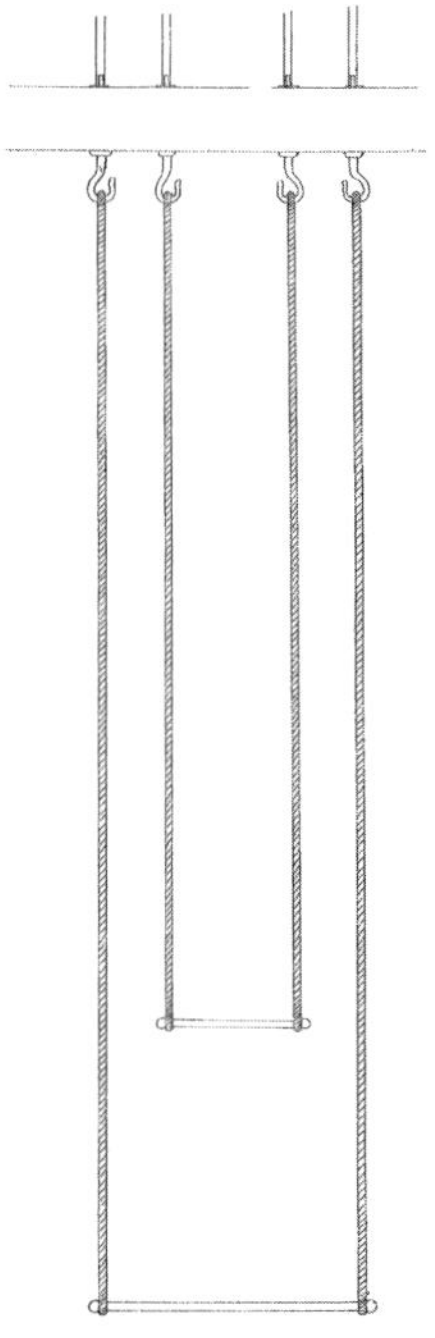

鞦韆機

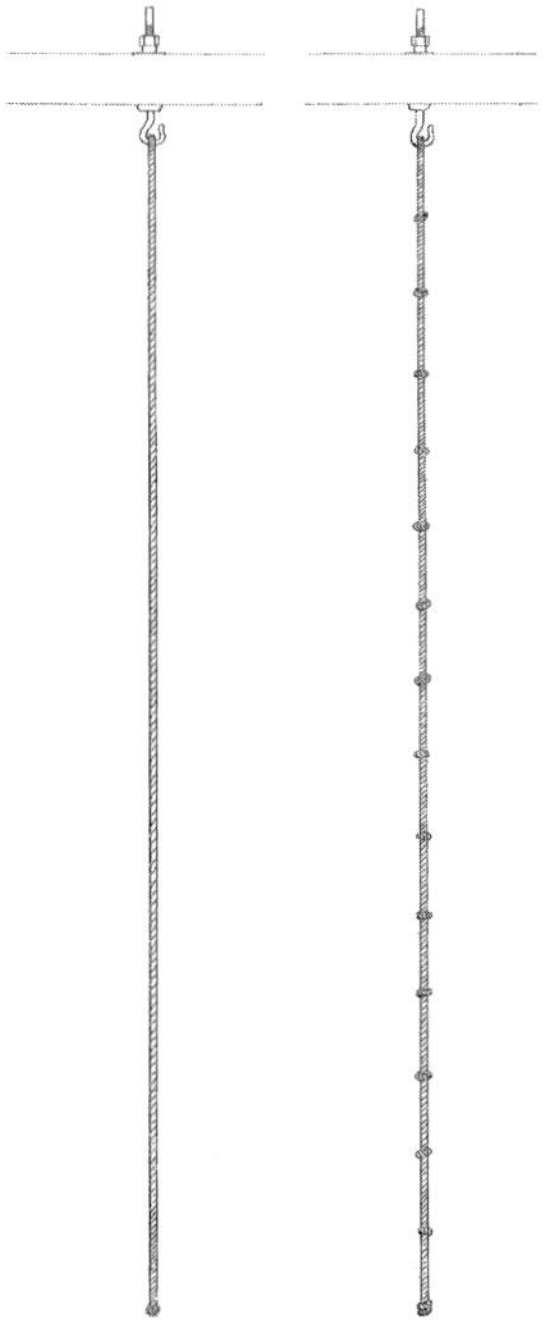

吊　縄

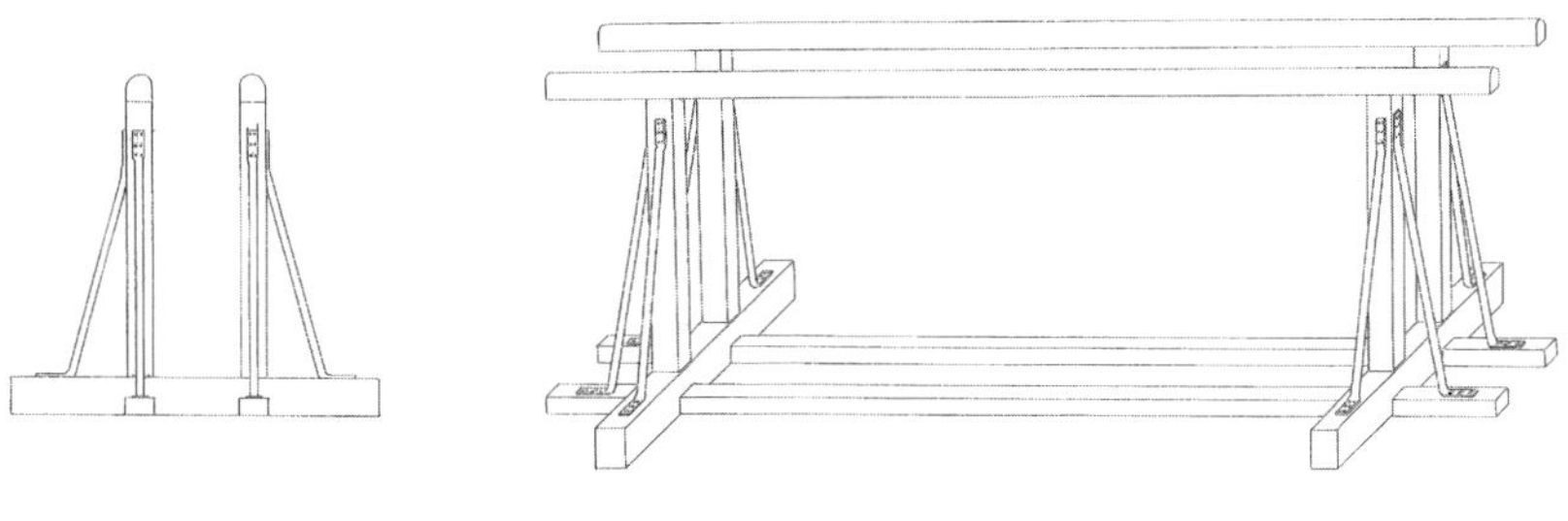

平行桿

図2-17, 2-18, 2-19, 2-20
伊藤桜研究論文「日本における学校体育施設の成立と起源」より

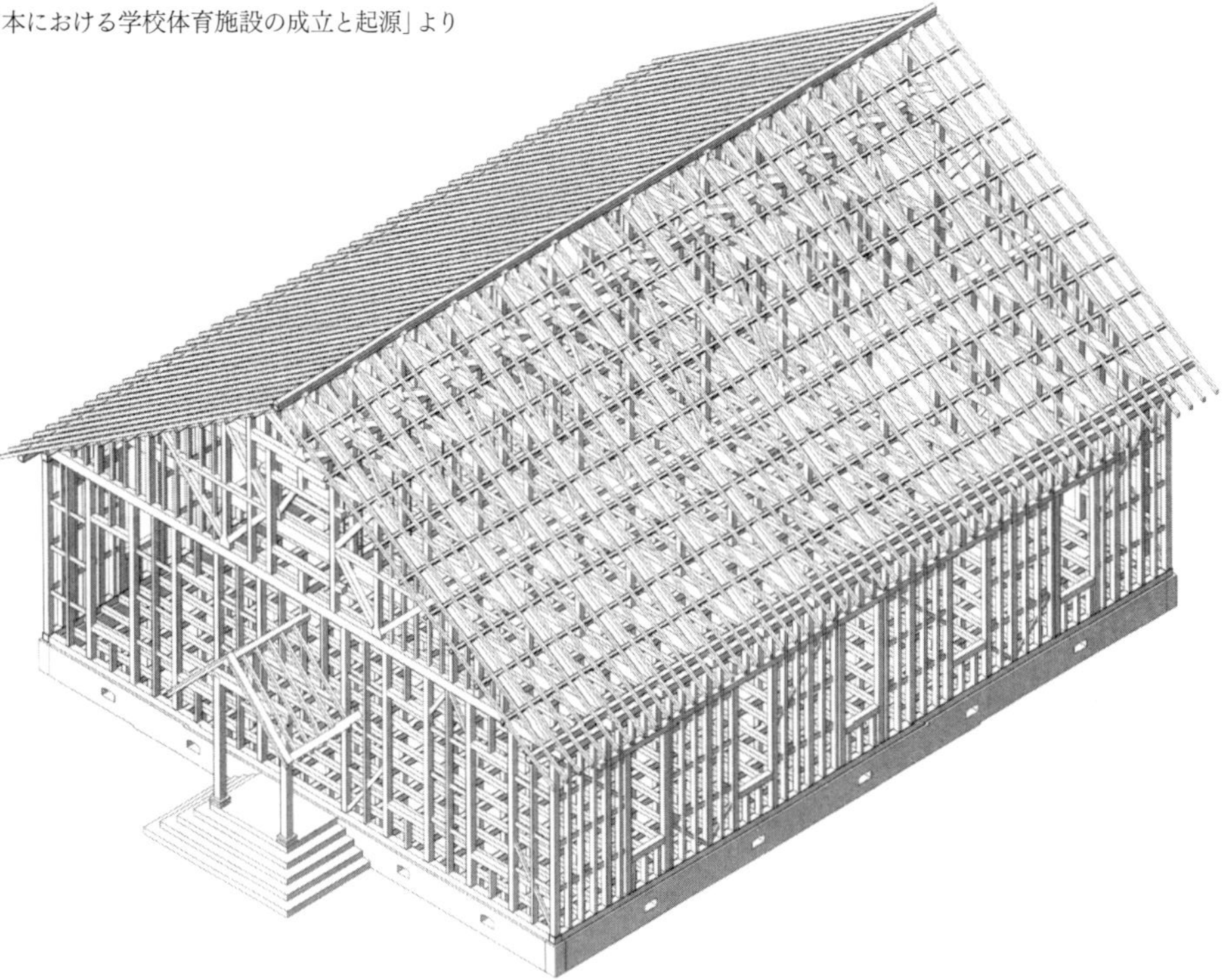

図2-17　体操伝習所体操場復元3DCG　架構

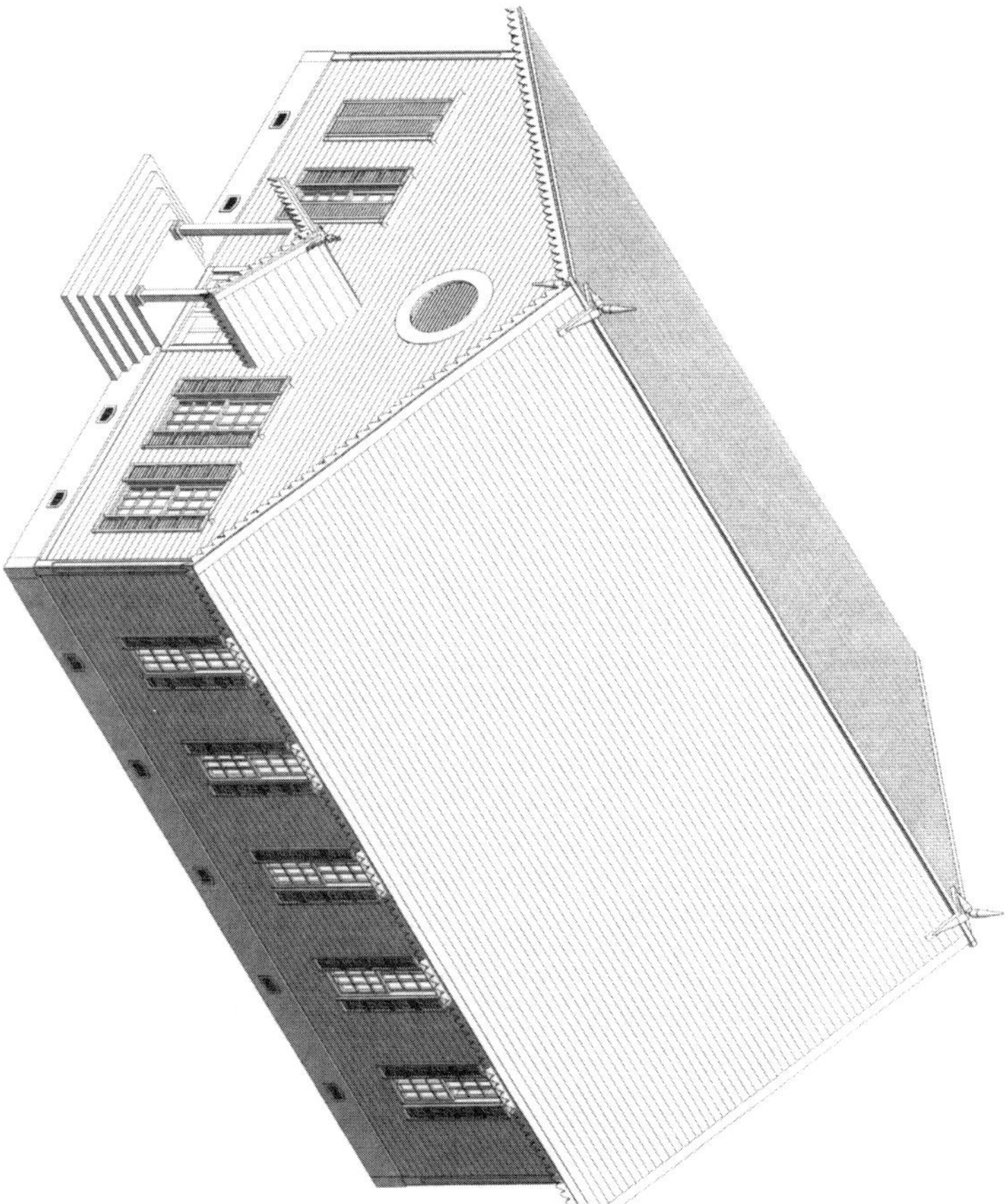

図2-18　体操伝習所体操場復元3DCG　外観

図2-19　体操伝習所体操場復元3DCG　内観

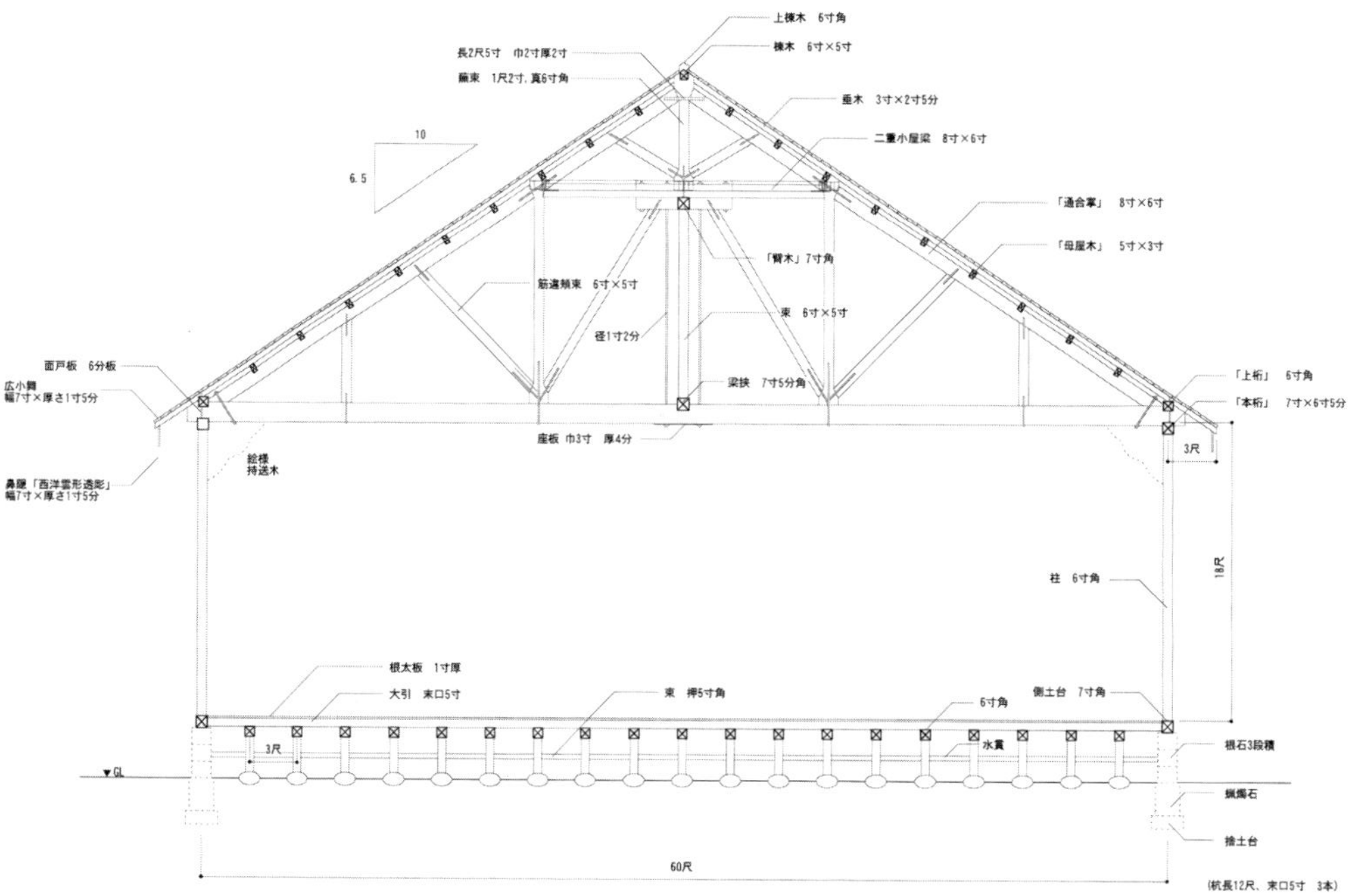

図2-20　体操伝習所体操場　梁間復元断面図　1：100

体操伝習所関係年譜

年・月・日	主な出来事	関連事項(関係者の動き)
明治11(1878)年		G・A・リーランド夫妻ボストンを出発(7月16日) リーランド横浜着、同日付日本政府より正式任用される/伊沢修二体操取調掛となる(9月6日)
10月24日	体操伝習所を東京府下に開設することを決める(文部省布達第五号)	東京師範学校長補伊沢修二、伝習所主幹を兼ねる/リーランド伝習所教員となる(10月)
11月2日	東京女子師範学校生徒に新設の体操所を施行	坪井玄道伝習所教員となる(11月)
11月21日	神田区一橋通町二番地及び同町二十一番地を文部省より交付	
明治12(1879)年		東京師範学校教員平岩愃保、伝習所教員を兼ねる(2月22日)
3月20日	新校舎完成	
4月2日	東京師範学校生徒に新設体操術を演習させる	
4月7日	体操伝習所生徒25人の入学を許可、授業開始	伊沢修二、文部省に新設体操術の報告をする(9月) 伊沢修二の兼任を解き、折田彦市が後任となる(10月)

年月	事項	体操伝習所
11月	東京大学予備門の生徒に新設体操術を施行。同じく府県公私学校教員などの特志者にも同術を施行する	
明治13（1880）年 3月	東京外国語学校の生徒にも、体操術の施行を始める	体操室にピアノを備え、体操演習に伴奏させる（3月） 平山太郎、折田彦市に代わって伝習所主幹となる（4月） リーランドの雇用期間を、翌14年7月31日まで延期することを決定（9月）
10月	解剖学の実習を始める	
11月8日	歩兵操練、教授の陸軍省より教官（士官1人・下士官3人）を招聘し毎週3回行う。さらに学業の余暇に操櫓術も始める	
明治14（1881）年 5月	東京大学医学部にて人体解剖の実習を始める	体操伝習所の生徒、戸山学校で毎週1回射撃演習を行う（4月） 小林小太郎、平山太郎に代わって伝習所主幹を兼ねる（4月13日） リーランドの送別会を上野公園で催す（6月14日） リーランド、任期を終え離日（7月2日）

7月	21人の卒業生に卒業証書が授与される	西村貞、主幹心得を兼ねる（11月）
9月5日	文部省体操伝習所の教旨を変更、直轄学校生徒及び府県より派遣の伝習員らに体操術を教授する	
明治15（1882）年		
1月20日	各府県の伝習員に体操術を教授する	小林小太郎の主幹兼任を解く（1月）
2月	週1回の修身学を教授	各学校連合体操演習会を挙行する（2月）
3月20日	体操伝習所より『新撰体操書』及び『新制体操法』の2書を刊行	
12月5日	東京大学予備門本黌生徒の体格試験を試行する	
12月14日	同予備門分黌生徒に体操実施、次いで体格試験を始める	
明治16（1883）年		
6月	文部省よりの達で、伝習所において剣術・柔術等を教育上利用することに関する利害適否の調査を行う	渋川半五郎を吏員に雇い柔術調査掛とする（6月7日） 陸軍省高田正直、警視庁長久富鉄太郎を本所兼柔術調査掛とする（6月28日）

10月	従来の諸規則を廃止し、新たに「体操伝習所規則」を作成、明治17年2月より施行することを決定	
明治17（1884）年		歩兵大尉倉山唯永、文部省御用掛兼本所勤務となる（2月） 本所体操教員に歩兵操練を実施し、教授の順序を講究させる（7月）
9月11日	「別課伝習員規則」の制定に基づき、同別課伝習員を募集。資格に合う者32名の入学を許可し、同日より授業を開始する	
明治18（1885）年		
12月3日	体操伝習所、東京師範学校の附属となる	
明治19（1886）年		
4月	体操伝習所が廃止され、代わって体操専修科を設置	
5月	元体操伝習所跡に文部省所轄学校の体操場を設ける	
9月	東京高等女学校、元体操伝習所跡に移転する	
明治23（1890）年		
4月	元体操伝習所体操場が移設され、高等師範学校附属小学校校舎となる	

謝辞

本書の刊行に当たり、多くの方々にお世話になりました。お名前を挙げてお礼申し上げます。

亜璃西社の和田由美社長には本書の出版を快諾頂き、編集担当の井上哲氏には原稿の通読から内容の構成や本の体裁に至るまで、様々なご助言ご協力を頂きました。また、山内さやか氏には、資料の準備を手伝って頂いたほか、きめ細やかな校正にご協力頂きました。

本書刊行の原点ということで言えば、角幸博北海道大学教授（当時）のお名前を、真っ先に挙げなければなりません。筆者が京都大学で発掘した建築図書の活用を巡って困惑していた時、先生にご相談を持ちかけたところ強い関心を示して頂き、研究方法に関して常に側面から貴重なご助言を頂きました。当時、院生だった伊藤（現中山）桜氏には、設計図の作成で大変お世話になりました。

体操伝習所体操場の復元模型の写真に関しては、そのほとんどすべてを谷口勲氏（元北海道新聞社写真部長）にお願いしました。どの画像も見事なアングルで捉えられており、当時のままの空間を我々の前に現出させてくれました。

本施設の模型製作は、ビーズファクトリーの橋本孝幸氏にお願いしました。氏はすでに多くの模型製作の経験をお持ちで、これまでに見ることができなかった素晴らしい出来映えに仕上げて頂きました。今回の作品は、設計図面に忠実かつ、初期の学校体育施設の内部空間や体操用具の配置までを具体的に明らかにした一級の資料となっています。

最後に、私の一連の研究を永年、側面から支えて下さったアマースト大学スペシャル・コレクションズのダリア・ダリエンゾ、ジョン・ランカスターご夫妻に、厚くお礼を申し上げます。お二人の優しく慈愛に満ちた励ましがなければ、今日に至る研究の継続はなかったと確信しています。

ここにお名前を挙げた方々以外にも、多くの方にさまざまな側面からご協力、激励を頂きました。この場を借りてお礼を申し上げます。

２０１５年１月24日

大櫃敬史

人名・事項索引

主要参考文献

Amherst College 関係資料

１．An Amherst Book, Herbert E.Riley, The Republic Press2, 1890

２．A Physical Education Reader —History and Fundations, J.Edmund Welch, McClain Printing Company,1974

３．Reminiscenes of Amherst College, Edward Hitchcock, Bridgman & Childs, 1863

４．History of Amherst College—First Half Century. 1821—1871.W.S.Tyler, Clark W. Bryan and Company, 1873

５．Catalogue of the Officers and Students of Amherst College, for the Academical Year, Amherst College, Henry A.Marsh, 1859

６．A Popular Guide to the Public Building and Museum, Beardlee and G.A.Plimpton, The Curator and at the Bookstores, 1875

７．Amherst Graduates' Quarterly, volume xxi, number81, Amherst College, 1931

８．『近代日本体育の父 リーランド博士全集 I ――アマースト大学と体育教育の成立』大櫃敬史（紫峰図書　2003）

I

９．『学校体育の父　リーランド博士』今村嘉雄（不昧堂書店　1968）

10. 『新島襄とアーモスト大学』北垣宗治（山口書店　1993）

11. 『三高の見果てぬ夢――中等・高等教育成立過程と折田彦市』厳平（思文閣出版　2008）

12. 『日本における学校体育施設の成立と起源――体操伝習所体操場の系譜』伊藤桜（北海道大学・修士論文　2010）

II

13. 『資料御雇外国人』ユネスコ東アジア文化研究センター編（小学館　1975）

14.『お雇い外国人』札幌市教育委員会編（北海道新聞社　1981）
15.『農学校物語』札幌市教育委員会編（北海道新聞社　1992）
16.『クラーク先生とその弟子たち』大島正健（新地書房　1991）
17. 師範学校編纂『小学読本』巻一［明治７年８月改正］（文部省　1874）
18.『真説日本野球史　明治篇』大和球士（ベースボール・マガジン社　1977）
19.『明治五年のプレイボール　初めて日本に野球を伝えた男――ウィルソン』佐山和夫（日本放送出版協会　2002）
20. 前掲書〈15〉、p.297-298

Ⅲ

21.『外国人の目に映った百年前の同志社』（同志社大学人文科学研究所　1995）
22.『唱歌と十字架』安田寛（音楽之友社　1993）
23.『現代語で読む新島襄』編集委員会編（丸善　2000）
24.『日本農業教育成立史の研究』三好信浩、p.336-353（風間書房　1982）
25.『開拓使外国人関係書簡目録』北海道大学附属図書館［1879年６月19日付書簡］
26. 前掲書〈24〉、［1879年７月３日付書簡］
27.「札幌農学校資料」北海道大学附属図書館北方資料室［体操器具買入の意見、明治13年１月３日付書簡］
28.『日本近代化の先駆者たち』手塚竜麿（吾妻書房、1975）
29. 前掲書〈23〉、p.351-352
30.『体操伝習所第五年報』体操伝習所（明治16年）
31.『体操伝習所第六年報』体操伝習所（明治17年）
32.『体操場新築参考書類』京都大学大学文書館（1878年）
33.『写真集　北大百年1876-1976』北海道大学編（北海道大学、1976）
34.『写真集　北大125年』北海道大学125年史編集室編（北海道大学図書刊行会、2002）

＊本書掲載の写真について、一部、著作権者および著作権継承者の不明なものがございます。お気づきの方は、小社編集部までご連絡ください。

中扉図版：天野皎編『体操図解』（1874年）より

著者プロフィール

大櫃敬史（おおびつ・たかし）　1949年島根県に生まれる。1975年東京学芸大学教育学部卒業。78年、教育学修士（東京学芸大学）。1995年から１年間、米国連邦議会図書館およびメリーランド州立大学教育政策・人間価値学国際センターにおいて文部省在外研究に従事。専攻は日本近代教育史・比較体育史。北海道大学および大学院で、体育史・比較体育史を27年間に渡って教える。現在は特任教授。主要著作に『近代日本体育の父リーランド博士—アマースト大学と体育教育の成立』（紫峰図書　2003)、「アメリカン・ボード日本ミッションの活動と日本近代体育の成立」（体育史専門分科会 2005)、『写真でつづる教育学部50年—21世紀を展望して』（北海道大学教育学部創設50周年記念事業委員会　1999)、他に「体操伝習所体操場の復元模型（縮尺1/50）」(2011）の作製等。

時《じ》空《くう》を超《こ》えて
——甦る、幻の体操伝習所体操場

二〇一五年三月十二日　第一刷発行

著　者　大櫃《おおびつ》　敬史《たかし》
装　幀　須田　照生
編集人　井上　哲
発行人　和田　由美
発行所　株式会社亜璃西社
札幌市中央区南二条西五丁目六－七
メゾン本府七〇一
TEL　〇一一―二二一―五三九六
FAX　〇一一―二二一―五三八六
URL　http://www.alicesha.co.jp/
印　刷　藤田印刷株式会社
製　本　石田製本株式会社

ISBN978-4-906740-14-7　C0075

造本設計　須田照生

判型　Ａ５判（210×148㎜）
製本　上製（角背・みぞつき）128ページ

カバー　ＴＳ―５［Ｎ―８］四六判Ｙ目130kg／４Ｃ＋ニス
表紙　ＴＳ―５［Ｎ―８］四六判Ｙ目130kg／２Ｃ
見返し　ＴＳ―５［Ｎ―１］四六判Ｙ目130kg／刷なし
本扉（別丁）　ＴＳ―５［Ｎ―９］四六判Ｙ目100kg／２Ｃ
本文　b7バルキー　Ａ判Ｔ目46・５kg
口絵　ニューエイジ　菊判62・５kg／４Ｃ
ヘドバン　アサヒクロス［Ａ73］